故 하용조 목사님께 바칩니다

기독교 세계관 플러스

지은이 | 신무환
초판 발행 | 2025. 10. 01
등록번호 | 제2023-000055호
등록된 곳 | 서울특별시 용산구 서빙고로65길 38 두란노빌딩
발행처 | 두란노
영업부 | 2078-3333   FAX | 080-749-3705
출판부 | 2078-3331

책 값은 뒤표지에 있습니다.
ISBN 978-89-531-5184-0 03230

독자의 의견을 기다립니다.
tpress@duranno.com   www.duranno.com

ⓒ 이 출판물은 저작권법에 의해 보호를 받는 저작물이므로
무단 전재와 복제, 무단 사용을 할 수 없습니다.

두란노서원은 바울 사도가 3차 전도여행 때 에베소에서 성령 받은 제자들을 따로 세워 하나님의 말씀으로 양육하던 장소입니다. 사도행전 19장 8-20절의 정신에 따라 첫째 목회자를 돕는 사역과 평신도를 훈련시키는 사역, 둘째 세계선교(TIM)와 문서선교(단행본·잡지) 사역, 셋째 예수문화 및 경배와 찬양 사역, 그리고 가정·상담 사역 등을 감당하고 있습니다. 1980년 12월 22일에 창립된 두란노서원은 주님 오실 때까지 이 사역들을 계속할 것입니다.

보는 것만큼 살아갑니다

기독교
세계관
플러스

신무환

두란노

추천사

기독교 세계관 사역에 헌신해 온 신무환 교수님의 책이 출간된 것을 기쁘게 생각합니다. 기독교 세계관을 다루는 많은 책이 있지만 신학적이고 철학적인 언어로 쓰인 책들이 주류를 이루는 흐름 속에서, 이 책은 이성과 과학적 논리를 사용하지만 보편적이고 이해하기 쉬운 언어로 하나님이 주신 복음에 기초한 세계관을 설명하고 있습니다. 이성을 신으로 섬김으로 도리어 분별력을 잃어버린 이 시대에, 이성의 모순을 파헤쳐 그 참 가치를 드러내고 있습니다. 또 이 시대 왜곡된 가치관의 허구를 성경적 가치관으로 벗겨내고 있습니다.

성경을 오랫동안 공부해 왔다 할지라도 기독교 세계관으로 성경의 각 부분을 해석하고 적용할 능력이 없을 때는 시대의 흐름을 분별하기가 어렵습니다. 이 책은 이러한 문제를 해결하기 위해 주제별로 적절한 내용과 형식을 담고 있어서 차세대와 성인들의 기독교 세계관 교육에서 주교재로 사용되기에 매우 적절합니다. 이 책이 읽히는 바로 그곳에 복음의 빛이 드러나고 영광스러운 하나님의 나라가 임하는 은혜를 간절히 소망하여 기쁜 마음으로 추천합니다.

이재훈 | 온누리교회 위임목사

빠르게 변하는 세상 속에서 우리 자녀들이 어떻게 믿음을 지키고 살아가야 하는지 길을 보여 주는 귀한 책입니다. 특히, 아들의 이야기를 통해 진심을 담은 아버지의 마음을 보여 주고 있어서, 다른 어떤 책보다 더 가슴에 와 닿을 것입니다. 요즘처럼 다원주의와 무신론이 판을 치는 시대에 복음이 왜 절대적인지, 그리고 기독교 신앙이 왜 근거 없는 믿음이 아닌지를 쉽고 명확하게 알려 줍니다. 우리 다음 세대가 혼란스러운 가치관 속에서도 흔들리지 않고 믿음을 지킬 수 있게 분명한 기준을 세워 주는 책입니다. 다음 세대를 기도로 세우고자 하시는 부모님, 교육자, 그리고 믿음을 삶으로 드러내기 원하는 분들에게 이 책을 기쁘게 추천합니다.

최도성 | 한동대학교 총장

우리는 포스트 모더니즘 시대를 살아갑니다. 이 시대는 차별과 억압에 맞서야 한다면서 사회의 기준과 질서를 무너뜨립니다. 인본주의를 내세우며, 인간 스스로 지고지선(至高至善)의 자리에 오릅니다. 선과 악, 옳고 그름의 경계를 넘나들다가 마침내는 하나님의 창조질서와 진리를 부정합니다. 남자인 내가 스스로 여자라고 하면, 나는 여자가 됩니다. 저자는 이런 세상을 살아가야 하는 우리 자녀 세대를 걱정합니다. 그래서 아들을 향한 아버지의 따뜻한 음성으로 하나님의 진리를 전합니다. 이 책에 담긴 저자의 마음은 우리 모두의 안타까움과 간절함을 대변합니다. 부모와 자녀가 함께 이 책을 읽으면서, 하나님의 진리가 인도하는 세상을 만들어 가는 데 하나 되기를 기대합니다.

이인용 | 법무법인 율촌 가치성장위원장

기독교가 문화와 사상적으로 점점 더 거칠게 도전받고 있는 시대입니다. 세상에서 다수가 아닌 소수로 움츠리고 살아가는 자녀들에게 우리는 무슨 말을 할 수 있을까요? 이 책은 성경적 세계관으로 이 시대의 가장 중요한 그 질문에 대하여 명쾌하게 풀어 나갑니다. 일반적인 세계관 관련 저서에서 흔히 보는 비판적 시각이나 철학적 언어보다는 따스한 포용과 일상적 쉬운 언어로 성경적 세상 이야기를 들려줍니다. 이 책은 유신론과 무신론의 세계관 사이에서 방황하고 있는 차세대들에게 기독교적 지혜와 확신으로 세상을 살아가도록 돕는 중요한 지침서입니다.

이철 | 하나로의료재단 명예원장, 前 연세의료원장

성년이 된 아들을 바라보며, 한 아버지는 비로소 하늘 아버지의 구속사적 사랑과 섭리를 더 깊이 묵상합니다. 이 책은 세속적 인본주의가 진리의 기준을 흐리고 영역주권이 상실된 시대에, 자녀 세대가 하나님의 관점에서 세상을 바라보며 살아가도록 길을 제시하고 있습니다. 특별히 하나님의 자녀들이 '지금 여기'의 쾌락이 아닌 '영원'의 가치로 살아가면서, 하늘 나라 시민의 정체성과 소명을 바로 세울 필요에 대해 자세하게 설명합니다. 신앙과 지성이 어우러진 문장으로 따뜻하고도 단호하게 권면하는 이 책을 모든 부모 세대와 자녀 세대에게 추천합니다.

박은혜 | 이화여자대학교 명예교수,
前 이화여자대학교 사범대학장·교육대학원장

10여 년 전 온누리 기독교 세계관학교에서 팀장으로 섬기던 저자는 추운 새벽에도 가장 일찍 나와 의자를 놓고 간식을 챙기고는 했습니다. 기독교 세계관이라는 자칫 딱딱할 수 있는 개념이 그 따뜻한 성품만큼이나 온화한 글로 나온 것이 우연이 아닙니다. 이 책에는 피곤에 지친 아들과의 짧은 차량 이동 중에도 차마 꺼내지 못했던 아버지의 애틋한 마음이 고스란히 담겨 있습니다. 그러면서도 미세한 원자부터 거대한 우주까지, 창조의 신비를 과학적 근거와 함께 탁월하고도 신선하게 설명합니다. 믿음의 다음 세대를 세우고자 하는 부모와 교육자, 이 시대를 고민하는 청년들에게 더할 수 없이 귀한 선물입니다.

권혁빈 | 미국 씨드교회 담임목사, 前 얼바인 온누리교회 담당 목사

오늘 날 기독교를 위협하는 골리앗 중 하나는 세속적 인본주의입니다. 신 없이도 선한 삶을 살 수 있다는 사상이 십자가를 거부하는 문화를 형성했습니다. 저자는 그리스도인이 '수면 밑의 거대한 전쟁' 중임을 선포하고, 인본주의의 논리적 모순을 지적하는 한편 신의 존재에 대한 개연성을 체계적으로 논증합니다. 신앙인이 세상을 어떻게 바라보고 살아가야 할지에 대한 명쾌한 해답을 제시하고, 십자가의 고난을 기쁨과 영광의 길로 바꾸는 그리스도인의 궁극적 행복을 파노라마처럼 펼쳐냈습니다. 그리스도인의 정체성을 잃지 않고 빛과 소금으로 살아가는 방법이 궁금하신 모든 분에게 자신있게 추천합니다.

이은경 | 법무법인 산지 대표변호사, 前 한국여성변호사회 회장

이 책의 저자는 신학자가 아니라, 공학 전문가입니다. 더 상세히 말하자면 이 시대 첨단 산업을 이끌어 가는 선두주자입니다. 그런 그가 기독교 관련 서적을 집필했으니, 호기심을 불러일으킬 만합니다. 한 아버지가 아들에게 들려주고 싶었던, 그러나 이런 저런 이유로 미처 다 못 전한 이야기가 이 책 안에 담겨 있습니다. 이 책은 아들이 장성하여 사회인이 되었는데, 부모 세대의 신앙이 아들 세대로 이어지기를 바라는 아버지의 마음을 세상을 바라봄과 살아감이라는 두 화두 안에 담아냈습니다. 이 세상을 살아가지만, 하나님이 안겨 주시는 은총의 빛 안에서 세상과는 구별되는 삶을 의미 있게 살아가기를 희구하는 이들에게 일독을 권합니다.

정미현 | 연세대학교 신학대학 교수·교목 실장

차례

추천사 … 4
머리말 … 12

| 제1부 |
무너진 세상에서 정체성 바로 세우기

1장 | 왜 세상이라는 바다로 뛰어들어야 하는가 … 22
2장 | 인본주의와 기독교는 행복을 뭐라고 말하는가 … 43
3장 | 세속적 인본주의는 어떻게 세상을 사로잡았는가 … 66
4장 | 무신론적 인본주의에 어떻게 대응할 것인가 … 85
5장 | 과학적 논리가 세속적 인본주의에 답하다 … 96

| 제2부 |

삶의 자리에서 주권 되찾기

6장 | 무책임을 벗고 영광을 돌려라_ 영역주권 ··· 126

7장 | 잃어버린 영역주권 되찾아오기 I_ 지성과 영성 ··· 142

8장 | 잃어버린 영역주권 되찾아오기 II_ 일상 속 성경적 가치 기준 ··· 169

9장 | 잃어버린 영역주권 되찾아오기 III_ 행복과 기쁨 ··· 188

| 제3부 |

넘치는 은총으로 세상에 들어가기

10장 | 일반은총, 전 인류를 향한 하나님의 질서와 사랑 ··· 206

11장 | 일반은총의 목적과 특별은총과의 균형 ··· 222

12장 | 어둠 속의 빛처럼 세상 속으로 ··· 237

참고문헌 ··· 254

머리말

아브라함이 아들 이삭을 잡아 번제로 드리려고 했던 창세기 22장의 내용을 대수롭지 않게 여겼습니다. 저에게 아들이 생기기 전까지는 그랬습니다. 지금 제 아들은 36살 사회인으로 건장하게 성장했습니다.

아들이 한 살이 조금 넘은 아기 때에 장중첩으로 고생했습니다. 미국의 한 대학병원에 밤 12시가 넘은 시각 급히 입원한 아들은 바륨관장 조치를 위해 매우 차가운 금속 스테이지에 발가벗긴 채 올려졌고 위로는 큰 소음을 내는 기계가 쉴 새 없이 움직이고 있었습니다. 아들은 당연히 놀라고 고통스러운 상황에서 울부짖으며 일어나서 저에게 안기려 했으나 저는 계속해서 그 아들을 밀치고 어깨를 누르며 그 차가운 금속 판 위에 여린 몸을 고정시켜야만 했습니다. 어린 아들에게는 그 이유를 말로 설명하는 것도 불가능했습니다. 아들로서는 그 모든 상황이 배신감과 절망과 고통의 시간이었을 것입니다. 저에게도 너무나 큰 고통이었습니다. 그런데 이 과정은 결국에는 아들을 살리기 위한 시간이었습니다.

창세기 22장에서 보여 준 하나님에 대한 아브라함의 순종이 만일 저에게 요구된다면 감당할 자신이 없습니다. 제물이 필요하면 아들 대신 제가 대신 죽겠다고 단연코 말할 것입니다. 신약에 들어와 마태복음 2장에서 어린 아기 예수는 탄생하자마자 헤롯왕에 의하여 죽음의 위협에 처합니다. 그리고 하나님은 사자를 통하여 어린 아들 예수를 피난하게 합니다. 그런데 아버지 하나님이 이 아들을 살려 두신 이유가 기가 막힙니다. 그것은 나중에 죽이기 위해서였습니다! 이 갓난 아기가 나중에 더 치욕적이고 고통스러운 죽음을 맞이하도록 살려 두시는 것입니다. 그리고 마태복음 27장에는 그의 계획대로 그 아들을 처참한 대속물로 죽이십니다. 자신보다 사랑하는 아들의 목숨을 아끼고 아껴 둬서 아들을 적대시하는 죄인 인간들을 위해서 말입니다. 이것은 아빠로서는 말이 안 되는 일입니다. 인간의 상식과 이해로는 설명을 못 합니다. 그런데 저는 말도 안 되는 이 기독교의 파라독스 앞에 두 손을 들었습니다. 많은 사람은 세상에서 악이 잘되는 것과 선한 사람들의 이유 없는 고통에 대하여 도저히 이해할 수 없다고 합니다. 그런데 하나님이 죄인을 위하여 사랑하는 아들을 내어준 그 사랑의 이유에 대하여도 역시 알지 못합니다.

하나님에 대해 새롭게 눈뜨게 해준 그 고마운 아들이 2021년 초겨울, 저와 아내에게 이렇게 말했습니다.

"병원 동료 의사들의 대화를 듣고 있으면 그들의 생각과 똑같이 동화되든지, 아니면 그들 눈에 멍청한 바보가 되든지 혹은 그들과 완전히 분리되어야 할 것 같아요."

아들의 말투는 비관적이었고 약간의 원망스러운 감정도 스며들어 있었습니다. 아들의 이 말은 적지 않은 파장으로 제 마음을 흔들었습니다. 아들이 그런 생각을 하게 만든 이 세상은 도대체 어떤 곳인가라는 질문에 선뜻 대답하기가 어려웠습니다. 사회인이 된 아들이 어떤 생각으로 세상을 보고 어떻게 살아야 하는지, 아들의 입장에서 깊이 생각해 보지 못했다는 걸 깨달았습니다.

저는 어려서부터 아들에게 "하나님을 잘 믿으면 걱정할 것이 없다"라는 이야기를 많이 했습니다. 그런데 가만히 생각하면 이 말은 내 시대의 내 삶의 경험에 대한 결론이었지 내가 살아온 사회와 매우 다른 이 시대에 대한 이해를 담은 예습 자료로는 부족했습니다. 이 사회는 기독교의 가치관에 대해서 거부합니다. 거부하는 정도가 아니라 조롱하고 무시합니다. 이 시대의 막강한 가치 판단 기준인 '이성'으로 재어 보고 이 시대의 가장 매력적인 생활 기준인 '현세에서의 행복'으로 따져 볼 때에 부활과 죄를 말하는 기독교는 결코 매력적이지 않습니다. 우리의 차세대는 '하나님을 잘 믿으면 걱정할 것이 없다'라는 그들 부모 세대의 간증에 '신은 없다'라며 코웃음 칩니다. 이 시대에 논리적으로 맞설 수 있어야 합니다. 본인들의 진짜 경험과 근거 있는 논리적 확신으로부터 그들 자신의 말로 '하나님을 잘 믿으면 걱정할 것이 없다'라는 결론에 이르러야 하고 또한 그 결론을 후손에게 설명할 수 있어야 합니다. 이 책을 준비한 동기는 여기에서 출발하였습니다.

세계관에 관련된 대부분의 서적들이 일반 그리스도인들이 다가가기에는 대체로 내용과 형식이 난해하여 전문적 지식을 요하는 경우가 많습니다. 그러나 기독교 세계관이란 주제는 교회의 특정한 구성원들을 위한 지적 탐구용 분야가 아닙니다. 기독교 세계관은 '복음적'이어야 한다고 생각해 왔습니다. 우리의 삶에 스며들어 복음을 나타내고 복음이 빛을 발하도록 해야 합니다. 그러므로 기독교 세계관이란 주제는 특별하거나 제한적이 아니라 교회 모든 구성원들의 필수적이고 기본적인 양육과정의 하나가 되야 한다고 생각합니다. 더욱이 치열한 세속적 문화와 사상 전쟁을 치르고 있는 이 시대에 있어서 더욱 그렇습니다. 2천 년 전 굶주린 사자의 입과 십자가의 고통으로 복음을 막으려 했던 사탄은 지금 이 시대에 사자 한 마리, 피 한 방울도 사용하지 않으면서 그들의 임무를 효과적으로 수행하고 있습니다. 이 시대 그들의 무기는 바로 문화 속에 감추어진 사상과 세계관입니다.

모든 그리스도인이 쉽게 이 주제에 접하기를 원하는 마음으로 이 책은 가능한 쉽게 쓰려고 노력했습니다. 청소년이나 청소년을 자녀로 둔 학부모들도 편히 읽을 수 있도록 쉬운 예와 내용을 담았습니다. '복음적' 세계관을 강조하고 싶어서 가능한 많은 성경구절을 담아 세계관적 관점으로 적용하려 했습니다. 기독교 세계관을 염두에 두지 않더라도 부담 없이 읽고 나면 기독교 세계관 개념이 자연스럽게 스며들도록 했습니다. 총 12개 장으로 구성되었으며 각 장의 후반부마다 주제와 관련된 실제적인 질문들을 제시하여 기독교 세계관 교육 과정을 위한 교재로 사용하기에 편리합니다.

이 책은 크게 세 부로 구성되었습니다. 1부에서는 세속적 인본주의를 중심으로 세상의 사상적 주류와 영향력을 현실적인 관점에서 바라다보았습니다. 다원주의와 세속적 인본주의 사상이 주류가 된 사회에 묻히게 된다는 것은 그 사상이 추구하는 세계관을 수용한다는 의미입니다. 이 사상적 주류에 먼저 생각을 담그면 기독교적 가치관을 수용할 수가 없습니다. 그것은 기독교를 수용할 수가 없다는 뜻입니다. 세속주의적 인본주의와 기독교의 근본적 차이는 결국 창조주 신의 존재에 대한 믿음 여부로 갈리게 됩니다. 따라서 1부의 후반부에는 무신론적 세계관에 맞서는 유신론의 변증적 요소를 매우 쉽고 합리적으로 설명하려고 노력했습니다. 이 부분이 무신론과 유신론적 세계관 사이에서 갈등을 겪을 수 있는 차세대에게 유용한 지성적 방어막으로 사용되기를 바랍니다.

　2부와 3부에서는 비기독교적 사상이 보편화 된 세상의 현실에서 그리스도인들이 그들의 정체성을 기반으로 어떻게 적극적, 능동적으로 살아갈 수 있는지에 대한 세계관적 해답을 제시하였습니다. 세부적으로는 2부에서는 영역주권 사상을, 그리고 3부에서는 일반은총에 대한 내용을 다루었습니다.

　영역주권의 눈으로 보는 현 세상은 만물의 주인 되신 하나님이 당연히 주인 되셔야 할 많은 자리에서 마치 주인이 바뀐 듯합니다. 2부에서는 정체성의 이질감에서 오는 부자연스러움이나 고통을 감수하면서도 하나님이 왕이신 영역으로 바꾸는 그리스도인의 삶을 생각해 보았습니다. 이렇게 되찾아와야 할 영역들을 '지성의 영역', '일상의 흐름 속 가치기준의 영역', 그리고 '행복과 기쁨의 영역'의 예로 제안하였습니다.

3부에서는 그리스도인에게 있어서 일반은총을 세상을 향한 하나님의 마음을 전하는 세상과의 접점으로써 생각해 보았습니다. 2천년 전, 죄악으로 물든 세상을 향한 그분의 접점은 이미 성육신으로 나타나셨습니다. 지금 이 시대에 수없이 넓고 다양한 일반은총의 영역을 하나님이 세팅해 놓으신 이유는 분명해 보입니다. 그것은 그분의 백성들을 통하여 사랑을 전하고 싶은 하나님의 간절함의 크기 때문입니다. 많은 접점이 있어야 더 많은 기회가 생깁니다. 접점의 관점에서 세상을 바라보니 여러가지 현상들이나 사건들이 이해되었습니다. 세상에서 살아갈 이유가 분명해졌고 용기도 생겼습니다.

미국에서 아들이 다니는 대학 병원과 집 사이는 차로 약 10분 정도 거리였습니다. 아들 집에 방문할 때마다 제가 기사 역할을 했습니다. 차를 타고 오고 가는 그 10분 동안 아들에게 해주고 싶은 이야기를 마음속으로 준비했지만 잠이 부족하고 병원 일에 녹초가 되어 차에 오르는 아들의 눈치를 보면서 차마 이야기를 못 꺼냈습니다. 이 책의 많은 부분은 아들에게 미처 못다한 이야기들입니다. 그래서 이 책에 숨겨진 제목은 "꿈을 꾸는 아들에게"입니다. 잠이 모자라 꿈을 꾸면서 곤히 자는 아들의 의미도 있지만 혹여나 세속적 사상이 활개치는 세상의 가치관의 헛된 꿈에 빠지지 않도록

도와주고 싶은 아빠의 마음을 담은 제목입니다. 한국 교회의 많은 부모님과 한마음으로 우리의 자녀들에게 이 시대에 들려주고 싶은 이야기일 것입니다.

부족한 글을 격려해 주시고 세심한 배려와 관심을 아끼지 않으신 온누리 교회 이재훈 위임목사님에게 사랑과 존경과 감사의 마음을 표하고 싶습니다. 꿈에까지 나오셔서 게을렀던 나를 일깨우셨던 그리운 故 하용조 목사님에게 이 책을 드립니다. 생소했던 기독교 세계관 사역의 길을 열어 주었고 보석과도 같은 동역의 기쁨과 보람을 항상 안겨다 주는 온누리세계관학교(OWA)의 모든 사역자들에게 사랑을 전합니다.

이 글의 동기가 되었고 앞으로도 동기가 될 사랑하는 아들 신준수에게 사랑을 전합니다. 영원한 친구인 아내 이미정에게 존경과 사랑을 전합니다.

2025년 10월

신무환

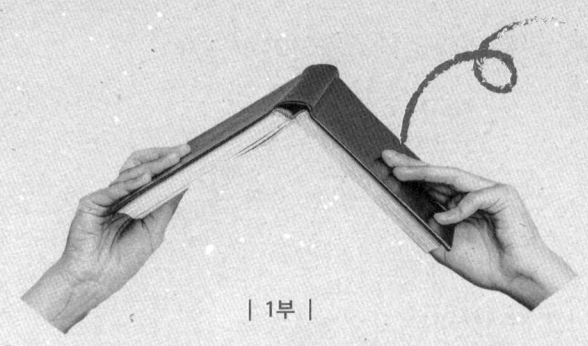

| 1부 |

무너진 세상에서 정체성 바로 세우기

1장
왜 세상이라는 바다로 뛰어들어야 하는가

수면 밑 거대한 싸움, 사상 전쟁

1986년도에 미국 유학을 시작했습니다. 힘들고 버거운 기간이었던 만큼 가끔씩 라디오를 통해서 미국 목사들의 설교를 듣곤 했습니다. 그중 토니 에반스(Tony Evans)라는 목사가 있었습니다. 흑인 특유의 카랑카랑한 외침이 돋보이는 설교였습니다. 아직도 생생하게 기억하는 하나의 문구가 있습니다.

"예수에게 아무것도 더하지 않아야 온전한 것이며, 예수에게 어떤 것이라도 섞으면 그것은 아무것도 아니다(Jesus plus Nothing is Everything, Jesus plus Something is Nothing)."

사실 매우 당연하고 단순한 말입니다만, 그 의미를 되새기게 된 것은 그로부터 30여 년의 세월이 지난 2018년, 아들의 대학 졸업식 때였습니다.

아들이 졸업한 대학은 원래 1833년 미국 장로교 목사와 선교사가 설립한 역사 깊은 학교입니다. 무엇보다 '끝없이 펼쳐진

황량한 들판에서 교사와 기독교 지도자들을 양성하는 곳'이라는 설립자들의 기독교적 신념과 목적을 따라 세워졌습니다. 여느 졸업식의 의례적인 순서들이 순조롭게 진행된 후 마지막 순서로 대학 교목(chaplain)의 기도가 시작되었습니다. 그런데 기도 말미의 한 문장이 우리에게는 너무나 큰 충격으로 다가왔습니다. 기도는 우리에게 익숙한 "예수님의 이름으로 기도합니다"가 아니라 황당하게도 "우리가 알고 있는 모든 신의 이름으로 기도합니다(We pray in the name of all the gods we know)"로 마무리되었습니다. 이 시대의 주류적 세계관인 다원주의(Pluralism)의 막강한 영향력이 기독교 대학의 정체성을 뒤흔드는 모습을 직접 목도한 것입니다.

"예수에게 어떤 것이라도 섞으면 그것은 아무것도 아니다"라고 외친 토니 에반스 목사의 당연한 문장은 30여 년 후 벌어진 이 졸업식 사건의 예언적 메시지가 되었습니다. 아무리 다원주의적 세계관이 범람하는 세상이라지만, 기독교 정신으로 세운 대학 졸업식에서 교목의 대표기도에 "예수 그리스도의 이름" 대신 "모든 신의 이름"이 사용될 줄은 몰랐습니다.

그런데 이 졸업식 이후 3년이 지난 2021년 1월, 미국의 조 바이든(Joseph Robinette Biden Jr) 대통령 취임식에서 이와 비슷한 일이 전 세계가 보는 앞에서 벌어졌습니다. 조그마한 기독교 대학에서의 사건이 이제는 기독교 국가 차원의 사건으로 확장된 것입니다. 취임식 기도를 맡은 실버스터 비맨(Rev. Silvester Beaman) 목사는 축복 기도 말미에 "예수님의 이름" 대신에 "우리의 집합적 신앙(collective faith)의 강력한 이름으로" 기도합니다. 여기서 집합적 신앙이란 기독교를 포함한 모든 다른 종교를 합친 신앙을 말합니다. 그래서 이 집합적 신앙을 강력하다고 표현한 것입니다. 같은 해 미국 하원의 개원식 대표 기도 내용은 더욱 기가 막힙니다. 목사이자 하원의원인 이매뉴얼 클리버(Emanuel Cleaver II)는 이렇게 기도를 마무리합니다. "유일신, 브라마(힌두의 신), 서로 다른 많은 신앙으로 서로 다른 이름으로 부르는 여러 신의 이름으로 기도합니다."

미국 대통령의 취임식이나 하원의 개원식과 같은 공개 행사 내용은 국민들의 기저에 깔린 가치관을 어느 정도 반영한다고 볼 수 있습니다. 바이든 정부 시절, 국가 행사장에서 벌어진 위와 같은 기도 내용의 변화는 아들의 졸업식에서 이미 예견되었던 일입니다. 지성의 산실이라는 대학에서부터 시작된 다원주의적 세계관이 많은 지성인들의 가치관으로 받아들여진 것입니다. 기독교 정신에서 출발한 미국이라는 나라에서 다원주의 가치관이 보편적 세계관으로 인정받고 있습니다. 물론 지난 2025년 1월 도널드 트럼프(Donald John Trump) 대통령의 취임식 기도에서는 다시 "만왕의 왕, 만주의 주, 당신의 아들, 나의 구원자, 나의 구세주 예수 그리스도의 이름으로(The King of Kings The Lord of Lords Your Son My Savior and My Redeemer Jesus Christ) 기도합니다"라는 문구가 사용되었지만, 이 시대에서 다양한 가치관의 차이가 만들어 내는 문화적 쓰나미는 이미 불어닥쳤다.

지금 교회 밖 세상에서는 조용하지만 격렬하게 가치관 전쟁이 진행 중입니다. 겉으로는 특별한 종교적 색채를 보이지 않더라도 사실은 기독교와 반기독교 간의 치열한 세계관 전쟁이 벌어지고 있습니다. 앞서 언급된 다원주의적 세계관은 다양한 존재나 의견, 가치관 등을 인정하고 존중하는 사상이나 태도를 말합니다. 특별히 종교적 다원주의는 종교혼합주의적 가치관과 맥을 같이하고 있습니다. 모든 종교에는 구원의 길이 있으므로 종교의 통합도 좋다고 보는 신념입니다. 그런데 이러한 세속적 가치관은 반드시 종교적 옷을 입고 다가오지 않습니다. 철학이나 사상, 혹은 교육과 문화의 옷을 입고 다가옵니다. 기독교라는 종교 자체에 대한 부정적 의견을 제시하기보다는 그럴듯한 사상과 가치관을 이야기하며 공감대를 형성해 나갑니다. 그런데 자세히 살펴보면 이런 대부분 세계관이 기독교에서 표방하는 세계관과 매우 다릅니다. 그래서 이런 세속적 세계관에 익숙해지면 기독교에서 표방하는 가치관을 받아들이기가 어려워지며 결국에는 기독교를 떠나게 되는 것입니다.

매우 우려스러운 사실은 이런 세계관들은 그 사회 분위기에 편승하여 탁월한 공감 능력을 발휘한다는 것입니다. 다원주의적 세계관만 하더라도 얼핏 보면 일반인들에게는 상당히 매력적인 요소를 가지고 있습니다. 그것은 다양성을 인정하는 것입니다. 여기서부터 평등과 포용성이 어우러지는 가치관으로 확장합니다. 겉으로 보기에 이런 단어들이 얼마나 매력적입니까? 마치 다른 사람을 잘 이해하는, 친절하고 친밀한 인간미를 물씬 풍기는 듯합니다. 이런 가치관들은 사회를 풍미하는 신조어를 만들어 사람들의 마음에 친근하게 다가갑니다. 바이든 정부에서 트럼프 시대로 전환되는 요즘, 미국 사회에서 큰 화두로 던져지는 다양성 · 형평성 · 포용성(DEI: Diversity, Equity, Inclusion)이라는 용어가 바로 그것입니다.

이런 DEI의 정서를 받아들이고 이해하는 사람들을 우월적인 지성적 집단으로 가리키는 말이 'WOKE'입니다. '깨어난 집단'을 상징합니다. 최근에는 보수주의자들 사이에서 이 WOKE를 조롱하며 'DARK WOKE(어둠의 WOKE)'라고 부르기도 합니다. 그런데 이 WOKE란 단어는 마치 18세기 유럽에서 이성으로 깨어나자는 의미로 사용되던 계몽주의(Enlightenment)를 상기시킵니다. 중세의 정신 세계를 눌러 지배했던 종교(기독교)의 어두운 터널로부터 벗어나 이성으로 밝히 보자는 사조가 바로 계몽주의 철학입니다. 이러한 계몽주의 철학은 보이지 않는 신이라는 존재도 이성으로 판단해 보자는 이신론(Deism)으로 발전하였고, 신학적으로는 자유주의 신학의 모태가 되었습니다.

문제는 이런 DEI나 WOKE와 같은 가치관을 자연스럽게 공유하고 인정하는 사회나 조직에서는 기독교의 구원론을 배척한다는 사실입니다. 왜냐하면 기독교의 구원론은 '오직 예수'라는 유일성을 표명하기 때문에 매력이 없다는 것입니다. 이런 사회에서 기독교의 구원론은 평등하지도 않고 포용적이지도 않은 사상으로 전락합니다. 이 시대에 사탄은 2000년 전 사용하던 굶주린 사자 한 마리 사용하지 않고 기독교를 박해하고 억누르는 일에 성공하고 있습니다. 세속적 사상과 가치관을 사용해서 말입니다. 특별히 세속적 인본주의의 물결은 지성의 옷을 입고 모든 교육과 문화 영역에 깊이 파고들어 왔으며 지금도 계속해서 밀려들고 있습니다.

《한국 교회 진단 리포트》(목회데이터연구소, 두란노, 2025)에 따르면 한국은 2012년을 기점으로 전체 인구 중 기독교 인구 비율이 처음으로 줄어들기 시작해서 2012년 대비 2023년도 기독교 인구 비율은 22.1%에서 15.0%로 감소하였다고 전했습니다. 이 기간 동안 기독교만 아니라 가톨릭과 불교의 인구 비율도 함께 감소한 것은 현실적 가치를 중요시하는 세속적 인본주의의 영향으로 인한 종교 전반의 쇠락으로 해석할 수 있습니다. 한국 대학가에서 기독교 동아리들에 의한 전도율은 이미 한 자리 숫자로 내려간 지 오래되었습니다. 2024년부터 2050년까지 그리스도인 감소율은 약 32.4%로 예측되며 이는 한국 전체 인구 예측 감소율인 9%보다 월등하게 높은 값입니다.

기독교 인구가 감소한다는 것은 기독교 가치관이 세상에서 외면받고 있다는 사실을 반증합니다. 그러므로 세상에서 통용되는 가치관과 기독교 가치관을 비교해 보는 일은 매우 중요하고 시급합니다. 세상적으로 매력적이고 현실적인 인본주의, 또 그 옷을 입은 '종교들'과 비교해서 기독교가 표방하는 가치와 근거가 인생을 걸고 믿을만한 것인지를 확인해야 합니다. 그렇지 않다면 세상은 교회가 생각하는 것보다 훨씬 빠르게 비기독교적 가치관에 함몰될 것입니다.

포스트모더미즘(Post Modernism) 시대를 넘어서 최근 많이 언급되고 있는 트랜스휴머니즘(Trans Humanism)이나 포스트휴머니즘(Post Humanism) 역시 세속적 인본주의 사조에 뿌리를 두고 있습니다. 사람들은 유아 때부터 인간이 원천적 능력으로 만든 것처럼 느낄 만한 주변 환경에 길들어져 살아갑니다. 우리 주변을 보면 자연 세계보다는 인공적 건축물과 기계와 공장에서 사람들이 만들어낸 물건들로 넘쳐납니다. 사람들보다는 스마트폰과 더욱 많은 교류를 하고 있습니다. 과학의 발전은 정확하게 미래를 예측합니다. 날씨 예보나 기류 변화를 미리 알고 대비합니다. 이는 인간의 한계라고 생각했던 시간적 제한을 뛰어넘는 초자연적인 능력으로 인지됩니다. 초스피드로 이동이 가능한 비행기나 우주선은 또 다른 인간의 한계 영역인 공간을 극복한다는 신념을 주기에 충분합니다. 이미 도래해 버린 인공지능 시대 역시 이러한 추세를 가속화하며 인본주의 발현의 최고봉으로서 자리매김할 여지가 많습니다. 인공지능으로 인한 확증편향(Confirmation Bias)이 가속될 것이며 사람과의 대화는 '사람 같은 기계'와의 대화로 점점 더 바뀔 것입니다.

모든 환경은 스크루테이프(C.S. 루이스의 《스크루테이프의 편지》에 등장하는 사탄)의 의도대로 친숙한 일상 속에서 보이지 않는 존재에 대한 기억을 점점 희미하게 만들어 버릴 것입니다. 이 세상에서 사는 동안에 신의 간섭 없이 최대의 행복을 누리겠다는 세속적 인본주의의 가치관이 점점 더 현실적으로 확산해 가는 세상입니다.

비록 세상은 타락하였더라도

그리스도인의 정체성은 무엇일까요? 많은 그리스도인이 하나님을 만나면 공통적으로 경험하는 것이 있습니다. 그것은 온 세상에 넘치는 아름다움입니다. 바람에 흔들리는 나뭇잎 하나하나가 정겹습니다. 햇볕이 그렇게 부드럽고 따스할 수가 없습니다. 밤하늘을 수놓은 별과 달은 인간을 사랑으로 지키시는 하나님의 눈길임을 느낍니다. 온 우주의 창조자를 아버지로 모신 마음은 부족함이 없습니다. 하나님을 같은 아버지로 모시는 교회와 구성원이 더없이 사랑스럽습니다. 그런데 아쉽게도 이러한 마음이 평생토록 유지되는 사람은 아마 없을 것입니다. 왜 그럴까요? 우리가 사는 지금 세상이 아직 온전한 하나님의 나라가 아니기 때문입니다. 그래서 본능적으로 우리는 그나마 하나님의 나라와 가장 가깝다고 여겨지는 교회에 머물고 싶어 합니다. 이것은 구원받은 사람의 어쩔 수 없는 회귀 본능과 같습니다.

그런데 문제는 이런 강력한 구원의 은혜에 머물러 있다 보면 하나님이 계획하시는 성도로서의 포괄적 정체성을 잊어버리기 쉽다는 것입니다. 다시 말해 하나님 나라를 경험했으며 그분의 백성이 되었지만, 아직 그의 온전한 나라가 되지 못한 이 세상에서 살아가야 하는 정체성입니다. 원래 그리스도인들은 교회를 떠나 세상을 바라보기가 불편한 법입니다.

예수님의 제자인 베드로는 예수님의 영광을 경험했을 때 그곳에 머무르고 싶었던 마음을 숨기지 않았습니다. 하루는 예수님이 세 제자를 데리고 높은 산에 오르셨습니다(마 17:1-13). 거기에서 예수께서 영광의 모습으로 변화하시고 모세, 엘리야와 말씀하셨습니다. 그 신비로운 광경을 목격한 베드로는 바로 거기에 초막을 짓고 머무르고 싶었습니다.

> 엿새 후에 예수께서 베드로와 야고보와 그 형제 요한을 데리시고 따로 높은 산에 올라가셨더니 그들 앞에서 변형되사 그 얼굴이 해 같이 빛나며 옷이 빛과 같이 희어졌더라 그 때에 모세와 엘리야가 예수와 더불어 말하는 것이 그들에게 보이거늘 베드로가 예수께 여쭈어 이르되 주여 우리가 여기 있는 것이 좋사오니 만일 주께서 원하시면 내가 여기서 초막 셋을 짓되 하나는 주님을 위하여, 하나는 모세를 위하여, 하나는 엘리야를 위하여 하리이다 말할 때에 홀연히 빛난 구름이 그들을 덮으며 구름 속에서 소리가 나서 이르시되 이는 내 사랑하는 아들이요 내 기뻐하는 자니 너희는 그의 말을 들으라 하시는지라 마 17:1-5

그러나 하나님은 예수님과 제자들이 그 영광스러운 변화산에 계속 머무르는 것을 허락하지 않으셨습니다. 그리고 그 영광의 변화가 일어난 자리는 세상을 등지고 머무르는 자리가 아니라 세상으로 들어가는 출정식이었음을 알려 주셨습니다. 그리고 제자들에게 예수님의 말을 '들을 것'을 명하셨습니다. 제자들이 '들어야 할 말'이 무엇입니까? 그것은 예수께서 세상으로 들어가서 고난을 받는다는 사실입니다. 이 말은 곧 예수를 따르는 제자들에게도 마찬가지로 적용되는 말이었습니다. 제자들은 한결같이 예수를 따라 세상 속으로 들어갔고 죽기까지 고난을 받았습니다. 영광스러운 변화를 입은 그리스도인은 세상으로부터 도피하지 않습니다. 오히려 세상 속으로 들어가며 그곳에서 고난을 받는 자들입니다.

> 내가 너희에게 말하노니 엘리야가 이미 왔으되 사람들이 알지 못하고 임의로 대우하였도다 인자도 이와 같이 그들에게 고난을 받으리라 하시니 마 17:12

꽤 오래 전에 사역을 통하여 만나게 된 어느 장로님 집을 방문했습니다. 그런데 그 집에는 그 흔한 TV가 보이지 않았습니다. 자연스레 이유를 듣게 되었는데, TV에서 보고 듣는 내용이 신앙에 전혀 도움이 되지 않다고 생각해 없앴다고 했습니다. 그때는 '역시 신앙심이 깊은 분이구나' 하고 지나갔던 기억이 납니다. 그런데 그 후로 직장을 다니면서 사회생활을 어느 정도 하고 나니 지금 내 생각은 그때와 조금 달라져 있습니다.

그리스도인으로서 우리가 세상으로 들어가야 하는 근본적인 이유는 무엇일까요? 첫째, 우리가 이 땅에 사는 한 세상에 속한 사람들과 사회적 관계를 형성하고 살아야만 하기 때문입니다. 대부분 그리스도인은 교회의 전임 목회자가 아닌 이상 생계를 위한 수단을 세상에서 취하게 되어 있습니다. 그리고 그 과정에서 만나는 사람들은 상당수가 비그리스도인입니다. 그들의 가치관은 그리스도인들의 가치관과 다를 수밖에 없습니다. 다른 정도가 아닙니다. 세상엔 기독교와 교회의 윤리 기준을 넘는 죄악들이 난무합니다. 과연 그리스도인이라 하여 세상과 담을 쌓고 세상 속 사람들을 배척한 채 살 수 있습니까? 그렇지 않습니다. 사도 바울은 고린도 교회에 보내는 편지를 통하여 이런 세상 속 사람들과 사회적 관계를 형성하고 살아야만 하는 그리스도인들의 정체성을 인정하고 있습니다.

> 내가 너희에게 쓴 편지에 음행하는 자들을 사귀지 말라 하였거니와 이 말은 이 세상의 음행하는 자들이나 탐하는 자들이나 속여 빼앗는 자들이나 우상 숭배하는 자들을 도무지 사귀지 말라 하는 것이 아니니 만일 그리하려면 너희가 세상 밖으로 나가야 할 것이라
>
> 고전 5:9-10

둘째, 우리가 세상으로 들어가야 하는 이유는 하나님 나라가 세상 모든 영역에서 이루어져야 하기 때문입니다. 처음부터 이 세상 모든 영역의 주인은 하나님이셨습니다. 여기에서 '모든 영역'은 보이는 모든 자연 세계만이 아니라 보이지 않는 영역까지도 포함합니다.

> 만물이 그에게서 창조되되 하늘과 땅에서 보이는 것들과 보이지 않는 것들과 혹은 왕권들이나 주권들이나 통치자들이나 권세들이나 만물이 다 그로 말미암고 그를 위하여 창조되었고 골 1:16

주기도문은 하나님의 이름이 거룩히 여김을 받기 위하여 기도하라고 가르칩니다. 그런데 그의 이름이 온전히 거룩히 여김을 받는 나라는 하나님 나라입니다. 그러므로 주기도문에서는 그의 나라가 이 땅에 이루어지기를 위해 기도하라고 합니다(마 6:9-10). 하나님 나라는 하나님의 통치권이 온전히 이루어지는 나라이며 모든 만물의 창조주인 하나님의 영광으로 가득한 나라입니다. 그리스도인은 하나님 나라를 이 땅에서 경험하는 자들이며 동시에 소망하는 자들입니다.

하나님이 처음 지으시고 "보시기에 좋았더라"고 하신 이 세상이 지금은 죄 때문에 많은 영역에서 왜곡되고 타락했습니다. 그러나 하나님은 이 왜곡된 세상의 모든 영역에 그리스도인을 머물게 하십니다. 왜일까요? 바로 그곳에서 우리가 빛과 소금의 역할을 함으로써 하나님 나라를 건설하기를 원하시는 것입니다. 그리스도의 대속과 부활은 인간에게 구원이라는 영원한 소망을 주었으며 구원받은 자들은 개인의 구원만 아니라 타락으로 일그러진 '모든 창조세계를 회복하는 일'에 함께 참여하는 것입니다.

> 아버지께서는 모든 충만으로 예수 안에 거하게 하시고 그의 십자가의 피로 화평을 이루사 만물 곧 땅에 있는 것들이나 하늘에 있는 것들이 그로 말미암아 자기와 화목하게 되기를 기뻐하심이라
> 골 1:19-20

그리스도인들이 회복해야 할 영역은 문화, 사회, 교육, 가정, 정치, 과학 등 모든 영역을 포함합니다. 그러므로 그리스도인은 세상으로 들어가야 하며 이 모든 영역으로 이루어진 이 세상에 관심을 가져야만 합니다.

셋째, 우리가 세상으로 들어가야 하는 이유는 하나님이 세상에 관심을 가지셨기 때문이며 세상으로 들어오셨기 때문입니다. 우리는 이렇게 자문할 수도 있습니다. '왜 죄 많은 이 세상에 거룩한 그리스도인들이 관심을 가져야 하는 걸까? 우리가 더 거룩하려면 세상과 분리되어야 하는 것 아닐까?' 그 질문에 대한 대답은 명백합니다. 아예 죄가 없으신 거룩하신 하나님이 죄 많은 세상에 직접 찾아오셨기 때문입니다.

> 하나님이 세상을 이처럼 사랑하사 독생자를 주셨으니 이는 그를 믿는 자마다 멸망하지 않고 영생을 얻게 하려 하심이라 하나님이 그 아들을 세상에 보내신 것은 세상을 심판하려 하심이 아니요 그로 말미암아 세상이 구원을 받게 하려 하심이라 요 3:16-17

만일 세상이 타락한 곳이어서 그리스도인의 기피 대상이라면 죄 없는 하나님이 세상을 찾아오시고 죄인을 위해서 죽으신 사건을 어떻게 설명할 수 있을까요? 그리스도인은 그리스도를 따르는 자들입니다. 그리스도께서 자기 백성을 구하려고 세상에 오신 것처럼, 그리스도인은 복음을 위하여 세상에 들어가야 합니다. 그래야 하는 이유는 사랑입니다. 세상을 사랑하고 관심을 가진다는 것은 억지로 교회 데려오는 목적으로 가짜 사랑하는 것이 아닙니다. 그리스도가 세상을 위하여 목숨을 내놓기까지 사랑하신 것처럼 진짜 목숨 걸고 세상을 사랑하는 것입니다. 이것이 성경이 이야기하는 세상 속 그리스도인의 진정한 정체성입니다. 위대한 개혁주의 신학자였던 헤르만 바빙크(Herman Bavinck)는 "교회의 보편성은 하나님으로부터 받은 은혜를 세상에 나눠 주고 그걸 통해서 하나님께 마음을 돌리게 하는 것이다"라고 하였습니다.

결국 우리가 세상으로 들어가야 하는 이유는 하나님이 이 세상에 오신 것처럼 그곳에 들어가 목숨 걸고 사랑하며 복음을 전해야 하는 소명 때문입니다. 왜 오늘날 그리스도인들이 세상으로 들어가는 것을 꺼릴까요? 신앙인의 거룩함을 지키기 위한 이유도 있겠지만, 한편으로는 희생과 낮아짐을 피하고 싶은 마음이 아닐까요? 교회 안에 머물러 있으면 '형제'요 '자매'라는 이름으로 어지간하면 자존심을 지켜 줍니다. 그런데 세상에서는 그렇지 못합니다. 생존경쟁, 무한경쟁 의식으로 점철된 조직구조에서는 실력을 담보하지 않는 그리스도인의 거룩함은 대부분 외면받거나 조롱의 대상이 되기 쉽습니다. 현실적으로 그리스도인이라 해서 모든 분야에서 성공자나 최고의 전문가가 될 수는 없는데, 바로 이것도 많은 그리스도인이 세상을 꺼리는 이유 중 하나입니다. 세상적 성공의 옷을 화려하게 몸에 두르고 비그리스도인들 앞에 떳떳하고 자랑스럽게 나서야 교회 안에서든 밖에서든 자존심이 서는데, 현실이 그렇지 않으니 세상으로 담대하게 들어서기가 쉽지 않은 것입니다. 이것은 한 마디로 '그리스도인이 모든 영역에서 세상을 지배하여야 한다'는 승리주의의 환상입니다.

　기독교의 승리주의는 모든 영역을 교회가 지배하여야 한다는 주의로서, 예수의 겸손과 희생보다는 왕으로서 통치하는 영광과 권세를 강조하는 신념입니다. 이러한 승리주의의 매력과 유혹은 사실 오늘날 교회와 그리스도인들에게 있어서 매우 강력합니다. 때때로 승리주의에 치우친 그리스도인들의 사회적 영향력은 기독교의 본질과 매우 동떨어진 권력으로 나타나기도 합니다. 이러한 권력은 세상에 반기독교적 권력을 야기하는 마중

물이 될 수 있습니다. 교회가 승리주의에 도취해 복음 전파와 희생이라는 본질적 소명의 끈을 놓으면 교회의 정체성은 순식간에 사라집니다. 소위 크리스텐덤(Christendom)이라 불리는 중세 유럽의 역사 속 교회는 거의 천 년의 세월 동안 유럽의 사상을 지배해 왔습니다. 그러나 이런 승리주의적 세속화는 교회 내부적으로는 종교개혁의 진통을, 외부적으로는 반기독교적인 프랑스 대혁명, 계몽주의, 자유주의, 세속적 인본주의 사상의 태동을 야기했다고 해도 과언이 아닙니다. 승리주의는 교회적 차원만 아니라 그리스도인 개개인의 삶의 차원에서도 매일 점검하고 경계해야 하는 무서운 유혹입니다.

승리주의를 경계하라는 말이 패배주의자가 되어도 좋다는 말은 아닙니다. 물론 성경은 모든 사람이 근본적으로 죄인임을 명시합니다. 아담의 죄 때문에 인간은 전적으로 타락한 존재가 되었습니다. 그러나 성경은 인간 존엄성의 근거를 '하나님의 형상대로 지음 받은 존재'라는 원천적 사실에서부터 찾습니다. 창조주 하나님의 본질, 아울러 하나님과 인간의 관계는 인간 존엄성의 근거가 되는 두 기둥입니다. 그 존귀함은 인간이 죄 때문에 소망 없는 나락으로 떨어졌을 때 하나님의 아들 되신 예수 그리스도가 목숨을 주고 다시 회복함으로 확증되었습니다. 그리스도인들은 만물의 주인이신 창조주의 자녀로서의 권세를 갖는 자이므로 패배주의자와는 근본적으로 거리가 멉니다. 그리스도인은 존귀함의 근거가 전적인 은혜(거저 받음)이므로 승리주의자가 될 수 없을 뿐 아니라, 창조주 하나님의 희생으로 회복된 존귀함을 지녔기에 패배주의자 또한 절대로 될 수 없습니다. 하나님은 우리가 당신의 자녀로서 승리주의자도 패배주의자도 아닌 거룩하고 영광스러우며 겸손한 존재로서 세상에서 자리를 지키기를 원하십니다.

> 내가 아버지의 말씀을 그들에게 주었사오매 세상이 그들을 미워하였사오니 이는 내가 세상에 속하지 아니함 같이 그들도 세상에 속하지 아니함으로 인함이니이다 내가 비옵는 것은 그들을 세상에서 데려가시기를 위함이 아니요 다만 악에 빠지지 않게 보전하시기를 위함이니이다 요 17:14-15

하나님은 베드로가 변화산에서 계속 머무르기를 원치 않으신 것처럼 우리가 세상을 등진 사람처럼 살기를 원치 않으십니다. 요한복음 17장 15절 말씀에서 예수님은 우리를 위해 기도하시는데, 'not A but B'의 구조를 사용하십니다. 'A가 아니라 B이다'라는 표현입니다. 다시 말해 예수님은 하나님께 '우리를 세상에서 데려가시는 것'이 아니라 B를 구합니다. 우리는 보통 이 B 자리에 '큰 복'이나 '높은 사회적 위치' 또는 '위대한 사역' 등을 대입하고 싶어합니다. 그런데 예수님은 놀랍게도 '악에 빠지지 않게 보전되는 것'을 B 자리에 두십니다. 세상에 사는 '그리스도인의 거룩'을 세상에서 데려가시지 않고 두는 하나의 중요한 목적으로 보시는 것입니다.

    따라서 우리가 비록 세상에서 사회적 존재감이 없는 미비한 위치에 있다 할지라도 악에 빠지지 않고 거룩함을 지키고 산다면 그것으로써 그의 존재는 의미가 있습니다. 그만큼 그리스도인에게 순결과 거룩은 중요합니다. 하나님은 우리를 세상이 미워하더라도 그 세상에서의 자리를 지키며 악에 빠지지 않는 순결로 보전되기를 원하십니다. 얼마나 많은 그리스도인이 세상과 교회에서 그들의 존재감을 사회적 위치, 행위나 사역의 결과에서 찾으려고 애쓰는지 모릅니다. 그러나 정작 성경에서 예수님은 우리 존재의 의미 중의 하나가 거룩 자체임을 분명히 말씀하셨습니다. '세상에서 살지만 그 세상 악에 빠지지 않고 사는 것', 그것이 바로 그리스도인의 기본적인 정체성입니다.

들어가기 전 준비운동은 필수

    그리스도인이 세상 속에서 살아야 할 존재임은 분명합니다. 그렇다면 과연 우리가 둥지를 틀고 살아가야 할 이 세상은 과연 어떤 곳일까요? 그리스도인이 세상을 등지지 않고 그 세상 속으로 들어가야 한다면 우리는 거기가 어떤 곳인지 분명하게 알 필요가 있습니다. 성경은 그리스도인의 정체성을 세상의 소금이요 빛으로 묘사하고 있습니다(마 5:13-16). 소금과 빛의 존재감은 썩어져 가는 곳과 어두운 곳에서 확연하게 드러납니다. 바로 이 그리스도인의 정체성이 세상이 어떤 곳인지를 간접적으로 알려

줍니다. 세상은 썩어져 가는 곳이며 어두운 곳입니다.

세상이 어떤 곳인지를 아는 것은 그곳의 사상과 가치관을 이해한다는 것입니다. 개혁주의 신학자 장 칼뱅(John Calvin)은 "성경이라는 안경으로 세상을 본다"라고 말하였습니다. 이 말은 성경의 관점으로, 혹은 성경을 기준으로 세상을 이해하고 해석한다는 뜻입니다. 성경의 관점으로 바라보아야 하는 어떤 대상이 있다는 것이고 그 대상이 바로 세상이라는 것입니다. 위대한 교구였던 성 어거스틴(Aurelius Augustinus)도 성경의 주요 주제인 하나님의 구원역사라는 '렌즈'로 세상을 바라다본 인물입니다.

우리는 예방주사가 필요하다는 것을 잘 알고 있습니다. 약간의 불편함을 감수하고 이 예방주사를 접종받는 이유는 무엇입니까? 그것은 신체의 면역 체계를 활용하여 특정 질병으로부터 보호받기 위한 것입니다. 약화되거나 비활성화된 병원체 또는 그 일부를 체내에 주입하여 면역 반응을 유도하고, 이후 실제 병원체가 침입했을 때 더 효과적으로 대항할 수 있도록 하는 것입니다. 이 과정에서 약화된 병원체의 주입으로 인한 어느 정도의 불편이 따릅니다.

이 시대에 그리스도인들이 세상의 사상과 세계관을 이해하는 것은 바로 이러한 예방주사와 같은 것입니다. 특별히 차세대 자녀들이 그렇습니다. 그들은 교회나 가정에서 성경적 세계관을 배우는 시간에 비하여 세상에서 세속적 세계관에 노출되는 시간이 훨씬 길 수밖에 없습니다. 처음 하나님이 보시기에 좋다

하신 이 세상은 죄 때문에 많은 영역에서 왜곡된 모습을 드러내고 있습니다. 창조주 하나님을 부정하는 세속적 인본주의의 물결이 교육, 문화, 사회, 예술, 정치, 가정, 과학 등 모든 영역에 넘실대며 오히려 그리스도인들을 유혹하고 있습니다. 교회와 기독교적 가정의 영역을 벗어나자마자 비성경적 세계관의 공기를 쉴 새 없이 마셔야 합니다. 이러한 상황에서 그리스도인들이 세상에서 통용되고 있는 지배적 가치관에 대하여 미리 알아보고 준비하는 것은 반드시 필요한 예방주사와 같은 것입니다.

하나님은 출애굽한 이스라엘 백성들을 약속하신 가나안 땅으로 들여보내시기 전에 철저하게 준비시키셨습니다. 하나님이 약속하신 일이었지만 인간에게는 준비하는 과정이 반드시 필요합니다. 모세를 통해서 그들이 지켜야 할 십계명과 많은 규례들을 주시며 그들이 하나님과 멀리하지 않도록 언약을 맺습니다. 무엇보다 험난하고 모진 40년의 광야생활을 통하여 하나님의 능력을 체험하고 그분을 의지하는 훈련을 경험하게 했습니다. 이스라엘 백성들은 마지막 가나안 땅을 눈앞에 두고 그곳을 미리 알아보기 위하여 정탐꾼을 보내기까지 합니다. 가나안 입성은 하나님의 전적인 주권에 의하여 계획되고 성취되지만, 이러한 과정은 사람들의 책임과 철저한 준비를 요구한다는 사실을 반드시 기억해야 합니다.

생각해 봅시다

1] 내가 요즘 교회 밖 세상에서 관심을 두고 있는 영역은 무엇입니까?

2] 하나님이 교회 밖 세상을 향하여 관심을 두고 계신 영억은 무엇일까요? 나와 하나님의 관심사를 함께 생각해 보고 비교해 봅시다.

2장
인본주의와 기독교는 행복을 뭐라고 말하는가

아담의 타락

처음 창조된 세상은 거룩하고 완전하신 하나님이 보시기에도 심히 좋은 곳이었습니다(창 1:31). 하나님이 말씀하시는 "좋았다"는 표현은 인간이 좋다고 하는 것과는 차원이 다릅니다. 하나님이 보시기에 심히 좋다는 것은 미적인 아름다움이나 조화로움은 물론, 피조물 간의 어떠한 갈등이나 두려움이 없는 완전한 질서와 평화로움을 내포합니다. 거룩하고 완전하신 하나님의 뜻이 온전히 이루어지는 곳이기 때문입니다. 이곳에는 보이든 보이지 않든 불완전하고 거룩하지 않은 것은 존재할 수 없습니다. 그래서 죄인인 인간이 하나님의 얼굴을 보면 죽는다고 말씀하셨습니다(출 33:20).

죄로 가득한 지금의 세상이지만 이곳에도 하나님의 영광과 거룩함이 나타날 수 있는데, 그때에는 신비로운 물리적 현상을 동반합니다. 성경에는 이러한 기록들이 있습니다. 모세가 시내산에서 하나님의 말씀을 듣고 십계명이 적힌 돌판을 들고 산에서 내려왔을 때, 그의 얼굴 피부가 광채로 빛났으며 이를 본 사람들은 그를 두려워하였습니다.

> 모세가 그 증거의 두 판을 모세의 손에 들고 시내 산에서 내려오니 그 산에서 내려올 때에 모세는 자기가 여호와와 말하였음으로 말미암아 얼굴 피부에 광채가 나나 깨닫지 못하였더라 아론과 온 이스라엘 자손이 모세를 볼 때에 모세의 얼굴 피부에 광채가 남을 보고 그에게 가까이 하기를 두려워하더니 출 34:29-30

우리는 하나님이 보시기에 심히 좋은 세상이 아담과 하와의 선악과 사건 이후 얼마나 빠른 속도로 죄로 물들어 갔는지에 잠시 주목할 필요가 있습니다. 타락 직후 그들에게는 창조된 이후 처음 느껴보는 수치심과 두려움이 엄습하였습니다(창 3:10). 거룩한 하나님 앞에서 죄를 남 탓으로 돌리는 원망과 미움이 인간의 입술을 통하여 튀어 나왔습니다(12절). 유혹(13절), 저주(14절), 원수(15절), 상함(15절), 고통(16절), 인고(17, 19절), 쫓겨남(24절) 등의 단어가 그 아름다운 동산에서 순식간에 하나님과 피조물 사이의 대화 주제가 되어 버렸습니다. 이어서 아담과 하와는 에덴동산에서 쫓겨 나가고 그들이 낳은 아들 가인이 동생 아벨을 죽이는 사건이 등장합니다. 이 시대에서 보편적으로 언급되는 많은 죄악상과 비극적 단어들이 난무하는 데 필요한 기간은 아버지 아담과 그의 아들 가인에게 걸친 단 2대(代)로 충분하였습니다.

살인자 가인의 아버지가 누구입니까? 거룩하고 존귀하신

하나님이 그분의 형상대로 직접 지으신 첫 번째 인간 아담입니다. 이것이 죄의 파괴력이며 이러한 죄가 주인 노릇하는 곳이 바로 우리가 사는 세상인 것입니다. 아담으로부터 시작된 죄의 뿌리와 열매들은 인류의 역사와 함께 지속되고 확장되었습니다. 신약에 들어와서 성경은 이렇게 죄와 죄인의 모습에 대하여 이야기하고 있습니다.

> 그러면 어떠하냐 우리는 나으냐 결코 아니라 유대인이나 헬라인이나 다 죄 아래에 있다고 우리가 이미 선언하였느니라 기록된 바 의인은 없나니 하나도 없으며 깨닫는 자도 없고 하나님을 찾는 자도 없고 다 치우쳐 함께 무익하게 되고 선을 행하는 자는 없나니 하나도 없도다 그들의 목구멍은 열린 무덤이요 그 혀로는 속임을 일삼으며 그 입술에는 독사의 독이 있고 그 입에는 저주와 악독이 가득하고 그 발은 피 흘리는 데 빠른지라 파멸과 고생이 그 길에 있어 평강의 길을 알지 못하였고 그들의 눈 앞에 하나님을 두려워함이 없느니라 함과 같으니라 롬 3:9-18

창세기에서 보여 주는 인간의 급속한 타락 과정과 그 결과, 그리고 아담 이후 구약에 기록된 수많은 인간의 죄악상들을 상기할 때에 로마서의 위 기록은 너무나 당연합니다. 성경은 구원받은 그리스도인들이 살아가야 할 세상이란 바로 이런 곳임을 명시해 줍니다.

중요한 것은 이제 '죄악이 난무하는 세상에서 그리스도인은 어떻게 살아야 하는가?'라는 질문입니다. 이 질문에 대한 대답을 위해서는 선제적으로 하나님의 말씀인 성경이 세상을 바라보는 관점, 즉 성경적 세계관에 대한 이해가 반드시 필요합니다.

성경은 세상을 어떻게 바라보는가

성경적 세계관이란 '창조(creation)', '인간의 타락(fall)', '예수 그리스도의 대속(redemption)', '온전한 회복(recovery)'이라는 네 가지 요소로서 역사와 개인의 삶을 조명하는 관점입니다. 이 네 요소는 상호 연계성을 가집니다. 예를 들면 인간의 타락을 전제로 하지 않는 구속이나 온전한 회복은 생각할 수가 없습니다. 인간 존엄성의 근거는 물론 창세기에서 하나님의 형상을 따라 창조되었다는 사실에 기반하지만, 인간의 죄와 타락으로 이러한 원천적 존엄성이 훼손되었습니다. 그러나 전능하고 거룩하신 하나님 자신이 타락한 인간을 위하여 대신 죽으신 대속과, 여기서 그치지 않고 하나님의 영광에 참여하는 자로서 회복됨으로(엡 1:6) 인간의 존엄성은 비로소 확증되고 완성되었습니다. 아이러니하게도 이 대속과 회복을 위한 필수 경로가 바로 타락의 과정입니다. 그러므로 기독교적으로는 타락 과정이 생략된 인간, 즉 죄를 고려하지 않은 인간의 존엄성은 논할 수 없습니다. 죄 때문에 타락한 인간을 위하여 신이 직접 죽음으로써 그 죄에서부터 보상받았기 때문에 인간의 존엄성이 완전하게 확증되는 것입니다.

인간은 신이 목숨을 걸고 사랑한 대상이므로 귀한 존재입니다.

> 우리가 아직 죄인 되었을 때에 그리스도께서 우리를 위하여 죽으심으로 하나님께서 우리에 대한 자기의 사랑을 확증하셨느니라
> 롬 5:8

우리는 한 가지 매우 위험한 전제를 가지고 세상을 바라보기 쉽습니다. 그것은 교회와 세상을 구분하면서 교회 안 그리스도인은 의인이며 교회 밖 세상 사람들은 죄인이라는 시각으로 바라보는 것입니다. 이원론적 구분입니다. 이것을 매우 조심하고 경계하여야 합니다. 세상은 창조, 타락, 구속, 회복으로 이어지는 성경적 세계관 단계에서 하나님을 떠나 타락한 모습을 보여 주며, 우리도 원래 그 세상에 잠겨 살고 있었습니다. 그리고 그리스도인 개인에게도 세속적 세계관의 유혹과 영향력은 매 순간 찾아올 수 있음을 우리는 경험을 통해 잘 알고 있습니다.

신의 존재를 받아들이지 않는 자연주의(Naturalism)는 역사적으로 18세기에 유럽에서 시작되었다고 말합니다. 소위 유럽의 중세 암흑기를 지나면서 정치, 철학, 과학, 신학 등 여러 영역에서 정형적인 자연주의를 태동하게 만드는 여러 사건이 존재합니다. 그렇지만, 사람들이 하나님을 외면하고 인간 마음대로 살겠다고 하는 인본주의적 세계관의 속성은 창세기 아담과 하와 때부터 이미 시작된 것입니다. 역사적 흐름 속에서 18세기로 정리

된 것뿐이지 죄의 결과로 생긴 인간의 타락한 본성은 항상 그리고 어디서나 존재하고 발현되었습니다. 우리는 단지 지금 예수 그리스도의 사랑으로 은혜의 옷을 먼저 입은 것뿐입니다. 그래서 은혜입니다. 로마서 내용처럼 유대인이나 헬라인이나 모두 다 죄 아래 있었음을 인정해야 합니다. 타락한 세상을 보는 우리의 눈은 비판이 아니라 하나님을 떠난 사람들이 겪는 안타까운 현실을 보는 눈이어야 합니다. 성경은 그리스도인들이 정치나 사회의 어떤 영역이든지 세상으로 나아가 그 타락함에 반기 들고 싸우라고 가르치지 않습니다. 바울은 이에 대하여 명확하게 선을 긋습니다.

> 이제 내가 너희에게 쓴 것은 만일 어떤 형제라 일컫는 자가 음행하거나 탐욕을 부리거나 우상 숭배를 하거나 모욕하거나 술 취하거나 속여 빼앗거든 사귀지도 말고 그런 자와는 함께 먹지도 말라 함이라 밖에 있는 사람들을 판단하는 것이야 내게 무슨 상관이 있으리요마는 교회 안에 있는 사람들이야 너희가 판단하지 아니하랴 밖에 있는 사람들은 하나님이 심판하시려니와 이 악한 사람은 너희 중에서 내쫓으라 고전 5:11-13

바울은 '교회 밖에 있는 사람들을 판단하는 것이 나와 무슨 상관이 있겠습니까?'라고 반문합니다. 그는 죄로 타락한 세상의 모습이 마치 당연하다는 듯 표현합니다. 바울은 죄로 타락한 세상에 대하여 그 판단을 하나님께 맡깁니다. 그 대신 바울은 교회 내 구성원에 대한 철저한 성찰과 판단을 요구하고 있습니다. 그의 훈계와 성찰의 화살촉은 교회 내부를 향했습니다.

마태복음 5장을 보면 세상 사람들을 향한 그리스도인의 근본적 관점을 명확하게 보여 줍니다.

> 나는 너희에게 이르노니 너희 원수를 사랑하며 너희를 박해하는 자를 위하여 기도하라 이같이 한즉 하늘에 계신 너희 아버지의 아들이 되리니 이는 하나님이 그 해를 악인과 선인에게 비추시며 비를 의로운 자와 불의한 자에게 내려주심이라 너희가 너희를 사랑하는 자를 사랑하면 무슨 상이 있으리요 세리도 이같이 아니하느냐 또 너희가 너희 형제에게만 문안하면 남보다 더하는 것이 무엇이냐 이방인들도 이같이 아니하느냐 그러므로 하늘에 계신 너희 아버지의 온전하심과 같이 너희도 온전하라 마 5:44-48

이 말씀에서 예수님은 우리가 세상 사람들을 향하여 가질 관점의 기준을 그들을 향한 하나님의 여전한 사랑으로 제시합니다. 심지어 우리에게 원수를 사랑하고 우리를 박해하는 세상 사람들을 위해서 기도까지 하라고 하십니다. 하나님 자신이 그의 자녀만이 아니라 원수까지 사랑하셨기 때문입니다. 원수까지 사랑하신 하나님의 사랑이 자연의 섭리들을 통하여 세상 속에 나타나듯이 하나님을 믿는 그리스도인도 세상을 사랑하라는 것입니다.

물론 세상 사람들을 사랑하는 것과는 별개로 그리스도인은 죄로 물든 세상을 정확하게 바라보아야 합니다. 그리스도인이 세상으로 들어가야 함에는 비둘기의 순결함과 동시에 뱀의 지혜가 요구됩니다. 이 세상에 들어가는 것에는 준비가 필요하며 세상이 어떤 곳인지를 아는 것은 세상의 사상과 가치관을 분명하게 이해하는 것입니다. 세상은 많은 비성경적 사상으로 점철되어 있으며 그 많은 사상의 핵심적 가치는 대부분 '세속적 인본주의'라는 거대한 뿌리로 귀결됩니다. 그러므로 세속적 인본주의에 대한 통찰은 이 세상의 전반적인 사조를 이해하는 핵심 단초라고 할 수 있습니다.

세속적 인본주의 사상과 기독교 세계관

기독교에서 인간의 존엄성은 창조, 타락, 구속, 회복으로 구성되는 성경적 세계관에 기반합니다. 세속적 인본주의(Humanism) 역시 인간의 존엄을 강조합니다. 그러나 그들이 말하는 인간의 존엄성은 성경적 세계관에서 보여 주는 인간의 타락과 본질적인 죄를 고려하지 않습니다. 인본주의는 본질적인 인간의 죄를 이야기하는 기독교를 거부합니다. 죄가 없으니 은혜의 구속이나 영광스러운 회복이란 개념이 있을 수가 없습니다. 그러나 기독교는 인간의 본질적인 죄를 외면하지 않습니다. 대신 그 죄가 있는 곳에 하나님의 은혜가 더욱 넘친다고 말합니다(롬 5:20). 예수 그리스도의 은혜 덕분에 죄에서 해방되었으며 영생을 얻었음을 기뻐하며 감격합니다.

> 너희가 죄의 종이 되었을 때에는 의에 대하여 자유로웠느니라 너희가 그 때에 무슨 열매를 얻었느냐 이제는 너희가 그 일을 부끄러워하나니 이는 그 마지막이 사망임이라 그러나 이제는 너희가 죄로부터 해방되고 하나님께 종이 되어 거룩함에 이르는 열매를 맺었으니 그 마지막은 영생이라 죄의 삯은 사망이요 하나님의 은사는 그리스도 예수 우리 주 안에 있는 영생이니라 롬 6:20-23

인본주의는 근본적으로 보이지 않는 존재, 즉 신과 영혼에 대해서는 관심조차 갖지 않기로 결심한 사상입니다. 미국의 유명한 진화생물학자 리처드 르원튼(Richard Lewontin)은 이렇게 주장합니다.

> "우리는 과학의 일부 구성 요소가 너무나 터무니없다는 명백한 사실에도 불구하고, 건강과 생명에 대한 과학의 과장된 약속이 대부분 지켜지지 않는다는 사실에도 불구하고, 과학계가 근거 없는 그저 그럴듯한 이야기를 용인한다는 사실에도 불구하고, 과학 편을 듭니다. 우리에게는 물질주의(유물론)에 대한 선입견, 즉 집착이 있기 때문입니다. 우리는 신의 발길이 문 안으로 들어오는 것을 허용할 수 없습니다."

이런 기조는 미국 인본주의자협회(American Humanist Association) 홈페이지에 있는 협회 로고에서 쉽게 찾아볼 수 있습니다. "신 없이 선을 이룬다(Good without a god)"라는 문장입니다. 이 협회에서는 1933년 1차 인본주의 선언문을 발표한 이후 두 번에 걸쳐 이를 업데이트한 인본주의 선언문을 발표하였으며, 그 기조는 크게 변한 것이 없습니다. 이들의 1차 선언문 중 일부 항목만을 보더라도 이들의 무신론적 세계관을 선명하게 알 수 있습니다. 첫째, 우주는 창조된 것이 아니라 저절로 생겨났다는 것입니다. 둘째, 인류는 자연의 일부로서 연속적인 과정의 결과로 출몰하였으며, 셋째, 생명에 대한 유기적 관점을 견지하며 정신과 신체의 전통적인 이원론을 거부합니다. 생명의 기원은 창조가 아니라 연속적인 진화의 결과이며 생명의 본질을 물질로만 바라보는 것입니다. 여기서 전통적인 이원론의 '전통적'이라는 의미는 유신론에 근거하는 전통적 종교인 기독교를 염두에 둔 것입니다. 사람의 생명에 대하여 보이지 않는 정신이나 영혼은 배제하며 오직 물질로만 생각하겠다는 세계관입니다.

이 협회의 회장을 지냈으며 미국 변호사로 활동했던 라일 심슨(Lyle L. Simpson)의 책 *Why Was I Born?*(나는 왜 태어났는가?)라는 책 부록에 보면 인본주의자들이 현실의 삶에서 중요하게 여기는 기준이나 가치관이 잘 나타나 있습니다. 책에서 그는 본인의 삶을 살아가는 철학이자 윤리적 관점에서의 인본주의를 열 가지 순차적 단계로 묘사합니다. 그중 일부를 소개하면 다음과 같습니다.

| 1단계-존재 Existence |

내 몸은 내 삶의 성전temple이며, 건강은 내 존재에 필수적이다. 이 삶이 내가 가진 것이라고 확신하는 전부이다.

| 2단계-책임 Responsibility |

나는 내 삶에 대한 전적인 책임을 져야 한다. 내 행동은 내가 통제할 수 있다. 나는 오직 현재를 살면서 나의 선택을 할 수 있을 뿐이다.

| 3단계-의미 Meaning |

내 삶은 내 욕구가 충족되고 행복의 항상성 상태homeostatic state에 도달할 때 비로소 의미가 있다. 내 삶에 의미를 부여하기 위해 보편적인 목적이 있을 필요는 없다. 내 삶 자체가 삶의 목적이기에 그것으로 충분하다.

| 6단계-삶의 실현 Actualization of Life |

내가 살아가는 목적은 삶의 기쁨을 경험하고, 내게 주어진 개인적, 환경적, 사회적 자원의 범위 내에서 타인에 대한 책임감을 지키며 인간으로서 내 잠재력을 최대한 발휘하여 성장하는 것이다. 나는 자연에 대한 경외심과 영적 존경심을 가지고, 자연의 일부로서 내 삶을 살아가며, 내가 지구에 있는 동안 매일 그 자원의 관리자임을 인식한다. 나는 오늘 지구에서의 삶을 넘어선 미래를 찾으며 살지 않는다.

사람들이 이러한 인본주의의 기본 철학에 매력을 느끼는 이유는 자기 자신의 행복이 기준이 되어 이를 위한 매우 현실적인 관점을 견지하고 있기 때문입니다. 여기에다 지구에 대한 관리자로서의 책임과 소명까지도 부여합니다. 거기다 그리스도인 비그리스도인을 가리지 않고 대부분 성공한 사람들에게 부여하는 고정관념적 단어들이 여기에 등장합니다. 예를 들면 건강, 책임, 선택, 잠재력, 성장, 환경 등과 같은 말입니다. 이런 이슈들은 그리스도인들의 삶의 지표에서 배제할 항목들이 아닙니다. 창조주 하나님을 믿는 믿음, 즉 창조주 하나님 아버지와 아들의 관계 안에서 그리스도인들이 당연히 적극적으로 누리거나 명심해야 할 항목들입니다. 근본적으로 인본이란 단어도 원래 하나님으로부터 나온 좋은 것입니다. 하나님으로부터 비롯된 인간의 고유한 고귀성이지만 하나님을 배제하며 주장하는 인본은 방종이요 타락입니다. 마찬가지로 그리스도인은 건강, 삶에 대한 책임감, 행복, 환경 이슈에 대하여 적극적이며 진지하여야 합니다.

 라일 심슨의 글에서 표명되는 인본주의자들의 삶의 뼈대와 같은 개념들과 그리스도인의 삶을 비교해 봅시다. 그의 글을 인본주의자의 생각이라는 편견을 가지지 않고 읽어 보면 심지어 그리스도인들이라도 삶의 현장에서 지키도록 노력하는 내용들입니다. 라일 심슨이 건강을 중요하게 생각하듯이 건강을 관리하고 힘쓰는 것은 그리스도인들이라 해서 예외가 아닙니다. 아들이 몸의 건강을 위해 노력하는 것을 싫어할 아버지는 없습니다. 이런 면들이 바로 그리스도인들에게 헷갈리는 부분입니다. 그가 주제로 삼는 책임, 행복, 환경 등의 인본주의적 가치관에 대하여 명확한 성경적 가치관으로 비교할 수 있어야 합니다.

라일 심슨이 책임에 대하여 이야기하지만, 기독교 가정에서도 자녀가 본인의 삶을 책임지는 듯한 의연한 자세로 행동한다면 부모로서 대견하고 믿음직하지 않을까요? 기독교에서도 인간의 책임을 매우 중요시합니다. 그러나 기독교는 하나님의 주권과 인간의 책임 간의 상관성을 생각합니다. 절대적인 하나님의 주권을 인정하므로 하나님이 인간에게 부여하신 책임을 다한다는 전제가 있습니다. 하나님은 인간이 책임감을 갖고 그분의 사역에 동참하기를 원하십니다.

라일 심슨의 인본주의적 세계관은 철저히 행복에 기반을 둡니다. 행복과 행복한 삶을 싫어하는 그리스도인은 아마 없을 것입니다. 아들의 행복을 마다하는 아버지가 어디 있겠습니까? 성경은 처음부터 창조주께서 인간에게 복 주셨다고 말합니다. 죄악의 세상을 홍수로 멸하시고 노아에게 무지개의 언약을 세우시기 전에 또 복을 주셨습니다. 아브라함을 복의 근원으로 삼으셨습니다. 인본주의자들이 현세에서의 행복을 최우선 가치관으로 삼았다고 해서 기독교에서 행복을 배제하는 것이 맞습니까? 그렇지 않습니다. 단지 그 행복의 기준과 본질에 대한 차이가 있을 뿐입니다.

라일 심슨이 말한 것처럼 인본주의자들은 지구와 환경에 대한 관리자로서 그들의 보존에 대한 책임감을 강조합니다. 그 이유가 무엇일까요? 그것은 이들에게 있어서 행복을 구현할 수 있는 유일한 그라운드이기 때문입니다. 그렇다면 그리스도인은 왜 자연 환경보호에 책임을 느끼고 관심을 가집니까?

오래전 성경을 묵상하면서 문득 예수님을 보고 싶은 충동이 솟구친 적이 있습니다. 조금 황당한 경험으로 들릴 수 있지만 막연한 감정이 아니라 정말 예수님과 물리적인 대면을 하고 싶었습니다. 당시 나는 유럽에서 개최되는 학회에 참석하기 위해 독일 프랑크푸르트 공항에서 비행기 환승을 기다리며 한 카페에 앉아 있었습니다. 그런데 옆자리에서 어느 외국인이 말을 걸었습니다. 그가 이스라엘 사람이라는 사실을 알게 되었을 때 얼마나 반갑고 가슴이 뛰었는지 모릅니다. 육체적으로 예수님과 같은 지역에서 태어난 사람이라는 사실만으로 너무나 귀하게 보였습니다. 그 사람의 파란 눈동자를 보고 또 보면서 많은 이야기를 나누었습니다. 그 사람의 눈동자를 통해 나는 그토록 보고 싶었던 예수님을 한없이 생각했습니다. 정말 보고 싶었던 예수님의 모습을 보는 듯하여 마음이 큰 기쁨으로 넘쳤습니다.

우리가 자연과 환경을 귀중하게 생각하는 이유는 자연 자체보다는 그 자연이 비추고 가리키는 존재 때문입니다. 마치 공항에서 만났던 한 이스라엘 사람에게 투영된 예수님이 내게 큰 의미가 있었던 것과 마찬가지입니다. 그리스도인에게 자연은 아버지 하나님의 작품이고 그분의 것이기 때문에 소중합니다. 하나님이 창조주로서의 권능과 솜씨를 나타내시는 보물이기 때문입니다. 자연은 하나님을 표현하는 상징적 표상이므로 소중한 것입니다. 하나님은 지금 눈에 보이지 않지만, 그가 만드신 자연은 그가 살아 계시며 우리를 지키고 계심을 가리키는 상징이기 때문에 마땅히 우리의 보호와 관심을 받을 당위성을 가집니다.

그리스도인의 삶의 가치관은 창조주의 본질에 대한 믿음이며, 그 믿음은 인간과 창조주와의 인격적 관계로 나타납니다. 이것이 인본주의자와 그리스도인의 핵심적인 차이입니다. 인본주의적 신앙이 교회 안에 스며들 수 있음을 경계해야 합니다. 인본주의자와 그리스도인이 처음부터 구분되는 것이 아니라 그리스도인이 인본주의자적 세계관으로 살아갈 수 있다는 이야기입니다. 하나님과의 인격적 관계 설정 없이 현세의 행복을 추구하는 것은 기독교이기보다는 오히려 인본주의에 가깝습니다. 우리가 하나님을 믿는다면서 부활의 신앙과 하나님 앞에서의 삶을 생각하지 않는다면 우리는 인본주의자들처럼 사는 것입니다. 인본주의가 교육과 문화의 물결로 차세대들에게 밀려오는 현실에서 우리가 이들에게 기독교가 아니라 우려하고 있는 바로 그 인본주의의 표본을 보여 주는 것입니다.

그렇다면 그리스도인들은 인본주의자들과 달리 어떻게 사는 자들입니까? 그리스도인은 밤하늘을 볼 때마다 그 광활한 우주의 크기만큼 큰 창조주 하나님의 능력과 사랑을 생각합니다. 수많은 별의 역동성만 보는 것이 아닙니다. 그것을 지배하는 고요함으로부터 아들의 평안을 지켜 주는 아버지의 큰 손을 바라봅니다. 인간의 생명이 우주보다 귀한 것임을 본인의 죽음으로 확정해 주신 그리스도를 사랑하며 그리워합니다. 그리스도인은 주어진 인생에서 강한 책임감을 갖고 성실하게 살아가는 사람들입니다. 그러나 인간의 책임과 함께 하나님의 주권을 동시에 인정하는 사람들입니다. 삶의 여정 속에서 발버둥치며 애썼던 일들과 우연히 일어난 것처럼 보이는 일들이 보이지 않는 하나님의 은혜였음을 아는 자들입니다.

  그리스도인은 받는 것보다 주는 것이 더 복되다는 사실을 체험하고 사는 사람들입니다. 인생의 마지막에 마주하는 거대한 죽음의 그림자는 영광의 새로운 날이므로 죽음을 앞두고 평안할 수 있습니다. 살아 있는 동안 사랑하는 아버지의 걸작품인 지구를 아끼고 환경을 보호하는 사람들입니다. 이 모든 것을 포함하여 그리스도인은 하나님으로부터 받은 은혜의 영광을 찬송하는 모습으로 살아가는 자들입니다. 교회만이 아니라 세상 속에서 이 신분으로 자긍하며 기뻐하고 감사하는 모습이 그리스도인의 진정한 정체성입니다.

  모든 일을 그의 뜻의 결정대로 일하시는 이의 계획을 따라 우리가 예정을 입어 그 안에서 기업이 되었으니 이는 우리가 그리스도 안에서 전부터 바라던 그의 영광의 찬송이 되게 하려 하심이라

엡 1:11-12

행복은 일용할 양식보다 관계의 회복으로부터

라일 심슨은 인본주의의 기본적 생활 철학이 '행복'이라는 우산을 수식하는 세 단어로 압축된다고 말합니다. 그것은 '나 자신(me)', '현재(now)', 그리고 '여기(here)'입니다. 즉 이 세상에서 살아 있는 동안 개인마다 어떻게 행복하게 사느냐가 가장 중요한 기준입니다. 어떤 사람이 이러한 현실적 행복이 기준이 되는 가치관에 먼저 젖어 버린다면 창조, 죄, 죄인, 부활, 영혼, 영생, 희생과 같은 기독교의 여러 핵심 사상은 매우 부담스러운 주제가 될 것입니다. 이것은 현대 기독교에 대한 매우 심각한 도전이요 어려운 과제입니다. 인본주의에서 최고의 가치로 간주하는 현세에서의 개인의 행복에 대하여 기독교는 무엇을 말할 수 있습니까? 현세에서의 행복 따위는 기대하지 말라고 아예 선을 그어 버리는 것이 과연 해답일까요?

기독교가 행복과 무관하다는 이미지로 비칠 수 있는 경향이나 시대가 물론 있었습니다. 3-4세기 경 팔레스타인과 소아시아 등에서 활동하던 어느 교부는 모든 소유를 다 팔아 이웃들에게 나누어 주고 사막 등지에서 독거 형태의 영성수련 생활을 했습니다. 또한 하루 종일 기도, 명상, 노동으로 보내며 금식과 금욕 생활을 강조하던 수도원의 역사가 존재합니다. 우리나라도 1970년대 교회에서 불렸던 찬송가의 주제는 죄와 십자가에 관한 것이 많았습니다. 교회 대학부에서 즐겨 부르던 주제가는 "부름 받아 나선 이 몸"이라는 찬송이었습니다. 이 노래의 전체 가사에는 죽음을 마다하고 복음을 전하려는 순교적 구도자의 애절한 다짐이 들어 있습니다. 이 가사에서 삶의 여유나 인본주의자들이 원하는 인생의 행복은 찾아볼 수 없습니다. 이 시대에 적지 않은 수의 신실한 기독 청년들이 좋은 직장과 명예를 뒤로하고 신학교에 들어갔으며 목사나 선교사가 되었습니다. 세상적으로 좋은 것들을 포기한 이들의 삶을 표현하는 단어들은 희생, 헌신, 절제, 검소입니다. 인본주의자들의 기준에서 볼 때에 이러한 단어들은 삶의 지표로서 받아들일 수 없습니다. 그릇된 결혼과 성문화에 대한 경종을 위하여 최근 기독교 단체의 집회에서는 "결혼의 목적은 행복이 아니라 거룩입니다"라는 표어가 등장하기도 하였습니다. 하나님의 뜻에 맞는 거룩한 결혼을 강조하며 사용된 표어겠지만, 개인의 행복을 최우선으로 삼는 인본주의 세계관에 젖어 있는 젊은 세대들에게 자칫 '기독교에는 행복이 없다'라는 인상을 줄 수 있습니다.

  이와는 반대로 '하나님을 믿으면 무조건 행복해진다'라고 가르치는 번영신학(Prosperity Gospel)의 극단은 경계해야 합니다. 인간의 근본적 죄 때문에 마음 아파하시고 죽기까지 사랑하신 예수님의 마음이 없는 가르침은 온전한 복음이 아닙니다. 성경적 세계관에서 중요한 한 축이 되는 인간의 타락과 죄에 대한 내용이 없다면 구원이 주는 신자의 영광스러운 회복의 의미는 치명적으로 퇴색합니다.

  한국에서는 전통적 기복 사상이 기독교로 흘러 들어온 흔적이 있습니다. 어지간한 우리나라의 큰 사찰에 가면 소원 카드라는 것이 걸려 있습니다. 카드에는 저마다의 소원들이 정성스럽게 적혀 있습니다. 몇 년 전 강원도 양양에 있는 낙산사 근처를 산책한 적이 있습니다. 동해가 보이는 바닷길 옆으로 무수히 걸린 소원 카드를 보고 내용이 매우 궁금해져서 자세히 들여다보았습니다. 내용을 보는데 왠지 모를 씁쓸함이 있었습니다. 며칠 전 교회 소모임에서 지체들과 함께 나눈 기도의 제목들과 너무나 비슷했기 때문입니다. 물론 그리스도인이든 비그리스도인이든 경험이나 문제들이 같을 수 있습니다만, 예수님이 직접 가르쳐 주신 주기도문에서 짧게 등장하는 '일용할 양식'은 대부분 우리의 기도 내용 중에 너무나 많은 비중을 차지합니다.

우리는 하나님을 오해합니다. 인간이 열심과 지극정성으로 빌면 사람의 정성에 감동하여 소원을 들어주시는 분이라고 착각합니다. 우리나라 곳곳에서 볼 수 있는 크고 작은 돌단 같은 것들입니다. 가능하면 신이 있는 하늘에 가깝게 쌓아서 신을 감동시키고자 하는 종교적 상징물입니다. 그러나 하나님은 인간에게 축복을 내려 주시는 분임은 틀림이 없지만 그렇다고 사람의 욕심을 따라 정성으로 구하는 기도를 들어주는 분은 아닙니다. 하나님은 때로는 침묵하심으로써 인간이 세상을 이끌어 가는 것이 아니라 하나님이 역사의 주관자임을 보여 주시기도 합니다.

우리의 기도 이전에 하나님이 원하시는 것은 우리와 그분의 정상적인 '관계 설정'입니다. 하나님이 그분의 형상대로 인간을 창조하신 이유는 인격적인 사랑의 관계 때문이며 죄인 된 인간에게 찾아와 주신 이유도 완전히 망가진 인간과의 깊은 사랑의 관계를 회복하기 원하셨기 때문입니다. 그 사랑의 관계가 너무나 중요했기 때문에 하나님은 영광을 포기하고 죽음을 택하면서까지 그 관계를 회복하시고자 했습니다. 필요한 것들을 구하기 전에 먼저 확인할 문제는 하나님과의 관계입니다. 특별히 어린 자녀를 교육할 때 이 부분을 간과하고 '하나님은 우리의 모든 기도를 들어주시는' 분으로만 교육한다면 성장하면서 큰 시험에 빠지게 됩니다. 관계성 없는 기도에서 하나님은 램프의 요정 '지니'로 전락합니다. 그런 기도는 '지니'를 부르기 위하여 램프를 정성으로 문지르는 형식적 행위에 불과합니다. 그러므로 예수님은 가장 먼저 우리가 창조주 하나님의 자녀라는 사실을 일깨워 주십니다.

> 그러므로 내가 너희에게 이르노니 목숨을 위하여 무엇을 먹을까 무엇을 마실까 몸을 위하여 무엇을 입을까 염려하지 말라 목숨이 음식보다 중하지 아니하며 몸이 의복보다 중하지 아니하냐 공중의 새를 보라 심지도 않고 거두지도 않고 창고에 모아들이지도 아니하되 너희 하늘 아버지께서 기르시나니 너희는 이것들보다 귀하지 아니하냐 … 그러므로 염려하여 이르기를 무엇을 먹을까 무엇을 마실까 무엇을 입을까 하지 말라 이는 다 이방인들이 구하는 것이라 너희 하늘 아버지께서 이 모든 것이 너희에게 있어야 할 줄

을 아시느니라 마 6:25-26, 31-32

기복주의적 신앙에서는 하나님의 뜻을 알아가는 기쁨이나 하나님과의 관계에는 전혀 관심이 없습니다. 하나님의 본질이나 그분과의 관계보다는 살면서 필요한 재물, 명예, 학벌, 건강에 우선권을 두고 정성으로 기도합니다. 이것은 우상숭배입니다. 아버지와의 기본적인 관계 설정이 없는 기도는 이방인의 기도입니다(마 6:32). 기도의 형식을 보이긴 하지만 하나님의 음성을 들으려 하지 않고 일방적으로 구하기만 합니다. '하나님이 누구신가'라는 본질적 질문에는 아예 관심도 고민도 없습니다.

그러나 그리스도인의 기도는 우리와 아버지 되시는 하나님과의 관계가 전제되어야 합니다. 예수님이 직접 가르쳐 주신 주기도문도 구체적으로 필요를 요청하기 전에 '우리 아버지여'라는 관계를 먼저 확인합니다. 이 관계성이 기도의 대전제이기 때문입니다. 이 관계에 놓인 자들의 첫째 관심은 하나님의 나라입니다. 이처럼 주기도문은 세속적 인본주의자들의 현세적 가치관과 대비되는 그리스도인의 올바른 정체성을 선명하게 보여 줍니다.

그러므로 너희는 이렇게 기도하라 하늘에 계신 우리 아버지여 이름이 거룩히 여김을 받으시오며 나라가 임하시오며 뜻이 하늘에서 이루어진 것 같이 땅에서도 이루어지이다 오늘 우리에게 일용할 양식을 주시옵고 우리가 우리에게 죄 지은 자를 사하여 준 것 같이 우리 죄를 사하여 주시옵고 우리를 시험에 들게 하지 마시옵고 다만 악에서 구하시옵소서 나라와 권세와 영광이 아버지께 영원히 있사옵나이다 아멘 마 6:9-13

'현세에서의 개인의 행복'이라는 기준은 세속적 인본주의 사상의 뼈대가 되는 중요한 가치관이며 현대 사회에서 매우 강력한 영향력이자 기독교에 대한 진지한 도전입니다.

생각해 봅시다

1] 하나님이 창조하신 원래의 세상과 지금 세상의 모습의 차이가 무엇이라고 생각합니까?

2] 세속적 인본주의의 핵심사상은 무엇이라고 생각합니까?

3] 성경적 세계관의 네가지 요소인 창조-타락-구속-회복의 네 주제와 세속적 인본주의를 비롯한 세상의 모습과는 어떤 연관성이 있을까요?

3장

세속적 인본주의는 어떻게 세상을 사로잡았는가

종교와 과학은 대립할 수밖에 없는가

세속적 인본주의 사상은 어떻게 발전해 왔을까요? 고대부터 서구의 정신과 문화를 지배하던 두 거대한 사상의 뿌리는 기독교 중심 사상인 헤브라이즘(Hebraism)과 그리스·로마를 중심으로 발전한 헬레니즘(Helenism)입니다. 헤브라이즘은 유일신 창조주 하나님과 인간의 영혼을 인정하며 역사를 인격적 하나님의 계시와 신앙의 과정으로 해석합니다. 반면에 헬레니즘에서는 인간의 이성과 인간 중심 문화를 강조합니다.

로마제국 시대에 교회와 그리스도인들은 많은 박해를 받았습니다. 법적으로 예배를 금지했는데 이를 어기면 감옥에 갇혔고 로마신을 거부하는 그리스도인들은 대량 학살을 당해야 했습니다. 그러던 A.D. 313년 콘스탄티누스(Flavius Valerius Aurelius Constantinus) 황제가 종교적 자유를 부여하고(밀라노 칙령), 이어 A.D. 380년에는 테오도시우스(Flavius Theodosius) 대제에 의하여 기독교는 로마의 국교로 제정되기에 이릅니다. 더 나아가 A.D. 392년 로마는 기독교 이외의 모든 종교를 금지했습니다. 종교의 박해가 중단된 것뿐 아니라 압수했던 신도들의 재산을 돌려주며 국가의 손해배상을 명문화하였습니다. 기독교가 세계적인 종교로 확대되며 이후 기독교의 기본 사상인 헤브라이즘은 천 년 이상 유럽의 사상과 문화를 지배하게 되었습니다. 서양 사회에서의 기독교가 소위 크리스텐덤의 시대를 맞이하게 된 것입니다.

    로마의 가혹한 박해를 받아 왔던 그리스도인들에게 있어서 크리스텐덤의 도래는 신앙적 자유와 승리의 상징이 되는 역사적 프레임으로 기억될 수도 있습니다. 이 기간에 거의 모든 유럽 국가에서는 하나의 언어인 성경과 교회음악을 사용하였고 많은 예술 작품들은 기독교와 관련된 소재를 사용했습니다. 당시 교회가 전통적으로 견지해 오던 천동설에 반한 지동설을 주장하는 갈릴레오 갈릴레이(Galileo di Vincenzo Bonaiuti de' Galilei)는 1633년 종교재판을 받아야만 했습니다. 물론 갈릴레오 사건만을 보고 이를 기독교와 과학의 대립의 상징성으로 단정하는 것은 무리가 따릅니다. 교회를 통하여 수많은 과학자가 탄생하였고 위대한 업적을 쌓았기 때문입니다. 천동설은 고대 그리스 시대의 아리스토텔레스 이후부터 거의 2천 년 동안 우주를 설명하는 지배적인 가치관이었습니다. 1543년 코페르니쿠스(Nicolaus Copernicus)가 지동설을 강력하게 뒷받침하는 수학적 모델을 제시하였는데, 이것을 확장하고 정립한 사람이 독일의 기독교 천문학자 요하네스 케플러(Johanese Kepler)입니다. 사실 기독교는 과학 영역만 아니라 중세 유럽의 문화와 예술 등 모든 영역에 영감을 부여하며 큰 발전을 이끌었습니다.

그런데, 문예부흥기인 르네상스 시대와 과학혁명시대를 지난 17세기 후반부터 유럽에는 계몽주의(Enlightenment)의 큰 물결이 밀려오게 됩니다. 계몽주의란 말 그대로 이성이란 빛을 사용하여 '어둠'을 환하게 밝힌다는 뜻입니다. 여기서 '어둠'이란 전근대적인 봉건제도, 종교적 권위, 특권층의 하층민에 대한 압제, 낡은 인습이나 전통 등 매우 포괄적 개념입니다. 그런데 당시 기독교는 이미 정치, 종교, 문화, 예술, 과학 등 모든 영역을 지배하고 있었습니다. 그 과정에서 교회는 세상의 기득권을 취하며 깊은 타락의 늪으로 빠지게 됩니다. 성직자들은 세금 등의 공적 의무를 면제받았고, 봉건 제도하에서 귀족들과 함께 특권층에 속함으로써 부와 명예를 누렸습니다. 급기야 교회의 깊은 세속화는 1517년 마틴 루터(Martin Luther)가 일으킨 종교개혁의 원인이 되기도 하였습니다.

계몽주의에서 이성에 의한 주요 계몽의 대상은 기독교적 사유 형태뿐 아니라 기독교가 영향력을 행사하는 정치적 제도 등 모든 영역으로 확산됩니다. 정치적으로는 계몽주의를 통하여 인간의 자유와 평등을 보장하는 자연권(Natural Rights)이 부각되었으며 이 기본적인 권리가 침해당하면 인간은 이에 대하여 저항할 권리가 있음이 강조됩니다. 유럽 여러 나라에서 철학을 중심으로 발전한 계몽주의는 여러 정치적 사건에 큰 영향을 미칩니다. 예컨대 인간의 자연권에 근거한 비판과 저항의 권리는

1789년에 시작된 프랑스 대혁명 같은 정치적 대격변의 사상적 근거가 되었습니다. 계몽주의가 종교적 영역으로 확산될 때에 이성의 이름으로 신앙의 자유, 교권으로부터의 자유 등이 요구되었습니다. 당시 상황을 볼 때에 이는 물론 기독교로부터의 자유를 의미하는 것입니다. 이성을 동원하여 빠져나올 대상이 되는 기독교는 당연히 이성과 분리될 대상으로 인식되었습니다. 이성이 절대적 기준이며 기독교는 비이성적이라는 프레임이 구축된 것입니다. 17세기 후반부터 18세기에 이르기까지 계몽주의는 마치 이성이라는 강력한 구속영장을 들고 당시 모든 영역에 퍼져 있던 기독교적 문화, 사상, 제도들을 피의자 신분으로 조사하듯 했습니다. 급기야 신이라는 존재도 이성의 판단에서 자유롭지 못하며 이성으로 신을 판단하고 바라보겠다는 이신론(Deism)에 이릅니다. 더 나아가서 아예 신을 무시하거나 부정하는 무신론적 자연주의(Naturalism)로 발전합니다. 이 자연주의가 우리가 살펴본 세속적 인본주의의 모체입니다.

    자연주의는 자연 속에 존재하는 물질만이 영원히 존재하는 궁극적 실재인 것으로 인식하는 세계관입니다. 이성으로 설명되지 않는 어떠한 초자연적 존재나 현상을 부정하는 무신론적 세계관입니다. '과학으로 설명되지 않는 모든 것을 부정하며 과학만이 현실에 대한 완전하고 신뢰할 수 있는 지식을 줄 수 있다'는 과학주의 역시 자연주의에 속합니다. 과학주의에서의 역사관은 단순히 원인과 결과로 이어지는 우연한 사건의 연속으로서 역사의 목적은 존재하지 않으며, 이는 하나님의 구속사적 역사관과 완전히 결을 달리합니다. 성경적 세계관에서 인간은 하나님의 형상대로 지은 바 된 존귀한 존재이지만 자연주의의 관점으로 보면 인간은 개나 돼지와 같은 동물에 불과합니다. 과학으로 설명할 수 없는 신은 존재하지 않으며, 따라서 인간은 신의 창조물이 아니라 단지 물질로 우연히 만들어진 존재라고 주장합니다. 이것이 바로 진화론입니다.

1859년 찰스 다윈(Charles Robert Darwin)이《종의기원》으로 발표한 생물학적 진화론은 이러한 자연주의의 물결을 타고 현대의 모든 학문 분야로 확산되었습니다. 진화 심리학(Evolutionary Psychology), 문화 진화(Culture Evolution), 진화 윤리학(Evolutionary Morals), 사회 진화론(Social Darwinism), 진화 경제학(Evolutionary Economics), 신경 다윈주의(Neural Darwinism), 다윈 의학(Darwin Medicine) 등입니다. 보이지 않는 인간의 마음이나 감정을 진화론에서는 물질의 반응이나 작용의 결과로 설명합니다. 예를 들면 옥시토신(oxytocin)이라는 호르몬이 인간의 사회성과 도덕성을 만드는 허브라고 간주하는 것입니다. 자연주의에 근거한 이러한 주장들은 이미 일반적인 학문체계에서 과학적 중심이론(혹은 정설)으로 자리를 잡아가고 있으며, 검증된 학문의 이름으로 교육되고 있습니다.

신을 부정하는 것에 나아가 창조주를 적대하며 오직 과학으로만 진리를 알 수 있다는 과학자도 있습니다. 앞서 언급한 미국의 진화생물학자 리처드 르원튼 같은 사람들입니다. 리처드 르

르원튼의 다음 발언에서 보이지 않는 신에 대한 거부감과 과학만 능주의에 대한 집념을 찾아볼 수 있습니다.

"가장 중요한 문제는 대중에게 가장 가까운 별까지의 거리와 유전자가 무엇으로 구성되어 있는지에 대한 지식을 제공하는 것이 아닙니다. 오히려 중요한 문제는 대중이 세상에 대한 비이성적이고 초자연적인 설명, 즉 그들의 상상 속에만 존재하는 악마를 거부하고, 사회적 지적 장치인 과학을 진리의 유일한 산모로서 받아들이도록 하는 것입니다."

그는 신의 존재를 상상의 세계에 국한된 악마로 표현하기를 서슴지 않습니다. 일반 사람들(대중)에게는 이러한 신을 거부하고 진리를 찾는 유일한 방법인 과학을 인정하게 하는 것이 중요하다고 하는 것입니다. 리처드 르원튼의 이러한 가치관은 인본주의 세계관과 정확하게 일치합니다. 다음은 1973년도에 미국 인본주의협회가 발표한 2차 인본주의 선언문의 첫 번째 주제인 '종교' 항목에서 발표한 내용입니다.

"불멸의 구원에 대한 약속이나 영원한 저주에 대한 두려움은 환상이며 해롭습니다. 그것들은 인간의 관심을 현재의 걱정, 자아실현, 그리고 사회적 불의를 바로잡는 데서 멀어지게 합니다. 현대 과학은 '기계 속의 유령'이나 '분리 가능한 영혼'과 같은 역사적 개념의 신빙성을 떨어뜨립니다. 오히려 과학은 인류가 자연적 진화의 힘에서 출현한 존재라고 단언합니다."

현세에서 각광받고 있는 세속적 인본주의가 얼마나 신의 존재에 대하여 경멸하고 있는지 보이십니까? 세속적 인본주의는 부활이나 내세를 부정하는 반기독교적 유물론(Materialism)입니다. 인본주의의 모체가 되는 과학적 자연주의는 합리적 증거주의로 대표되는 과학의 특성과 가속적으로 확장되는 과학 시대라는 시대 주류의 갑옷을 입고 매우 강력하게 기독교적 세계관에 도전하고 있습니다. 오늘날 과학적 자연주의는 기독교를 증거주의에 미흡한 비과학적이고 현대 사조에 뒤처지는, 고리타분한 사상으로 몰아가고 있습니다. 그런데 이 시점에서 과학과 과학적 자연주의(혹은 자연주의)를 명확하게 구분해야 합니다.

원래 과학이란 하나님이 부여해 주신 이성이라는 선물을 사용해서 그가 창조하신 만물을 탐구하고, 이해함으로써 만물에 깃들인 그의 신성과 능력을 맛보는 흥미진진한 여정입니다. 하나님을 알아가는 거룩한 행위입니다. 선하고 친절하신 하나님은 성경과 함께 우리에게 자연을 주셔서 하나님을 느끼고 알도록 허락하셨습니다(롬 1:20). 발명의 지혜도 주셨습니다. 고성능 현미경으로 하나님의 섬세하신 능력을 보게 하셨고, 고성능 망원경으로 끝없는 우주의 신비를 발견하게 하심으로 광대하신 하나님의 능력을 알려 주셨습니다. 1543년 코페르니쿠스(Nicolaus

Copernicus)에 의하여 천동설을 고수하던 교회 안에 지동설이 증명되면서 유럽은 초긴장 상태에 놓이게 됩니다. 이런 상황 속에서 요하네스 케플러는 그의 과학 저서인 *Harmony of the World*(세계의 조화)에서 이렇게 이야기합니다.

"우리 주 하나님은 위대하시도다. 그의 권능은 위대하시며 그의 지혜는 끝이 없으시도다."

종교와 과학은 원래 대립되는 영역이 아니라 요하네스 케플러 저서의 제목처럼 멋진 조화를 이루는 영역입니다. 이 모든 복잡성과 역동성으로 가득 찬 우주 만물에 깃들인 철저한 질서를 통해서 창조주는 우리의 생존과 편안함을 보장하고 계심을 느끼게 해줍니다. 인간에게 집중된 하나님의 관심과 사랑을 지금도 지속적으로 나타내고 계시는 것을 보게 해줍니다. 하나님의 손 끝으로 지으신 이 세계는 정말 아름답고 오묘합니다(시 8:1-4). 과학은 하나님의 창조 섭리를 나타내는 귀중한 도구로 사용할 수 있습니다. 반면 과학적 자연주의는 철저한 무신론적 세계관입니다.

교육과 문화를 사로잡은 세속적 인본주의

그렇다면 이런 자연주의에 뿌리를 두고 있는 인본주의 사상이 어떻게 확산될 수 있었을까요? 그것은 교육과 문화의 힘을 빌

렸기 때문입니다. 미국의 공교육 체제가 상당 부분 인본주의적 가치관으로 형성된 데에는 미국의 대표적인 실용주의(Pragmatism) 철학자이자 교육자였던 존 듀이(John Dewey)의 역할이 매우 컸습니다.

실용주의는 19세기 말부터 미국에서 시작된 철학 사조입니다. 이들은 관념, 이론, 언어, 과학과 같은 주제들은 그 자체적으로는 의미가 없으며 실제 현실에서의 유용한 성과로 연결될 때만 그들의 의미를 찾을 수 있다고 말합니다. 실제 현실에서의 유용성이 가장 중요하므로 이에 따라 진리의 기준이 달라질 수 있습니다. 존 듀이에게 이 실용주의는 행동적 요소가 더욱 강조되며 개인적 관심에서 사회적 관심으로 발전하게 됩니다. 즉 모든 관념이나 사상은 우리의 현실 생활에서 일어나는 문제 해결을 위한 도구에 지나지 않는다고 주장하는 도구주의(Instrumentalism)를 발전시키며 이를 교육 현장에 적용한 것입니다. 그는 교육 정신에 있어서 가장 필요한 개혁은 교육을 단순히 '나중의 삶을 위한 준비'가 아니라 '현재를 완전한 의미로 사는 것'으로 받아들여야 한다고 주장합니다. 1933년 미국 인본주의협회에서 발표한 1차 인본주의 선언문은 자연주의 세계관을 기반으로 하는 인본주의가 기존의 초자연적 종교를 대체하는 새로운 종교가 된다는 내용을 담고 있는데, 그는 이 선언문에 서명한 34인 중 한 명입니다.

존 듀이의 기본 사상체계인 인본주의와 도구주의 세계관에서 가장 큰 문제점은 '절대 진리'의 부정입니다. 사실 미국에서 1872년 메타피지컬클럽(Metaphysical Club)이란 토론회를 시발점으로 실용주의가 탄생한 배경에는 처절한 남북전쟁으로 야기된 깊은 절망감과 회의가 존재합니다. '보이지 않는 신념이 현실적인 전쟁의 참상을 감수할 만한 가치가 있는가?'라는 질문이 미국인들에게 강하게 던져졌던 것입니다. 그래서 모든 신념이나 사상들은 현실 결과에 앞설 수 없다고 생각했습니다. 당연히 실용주의 철학에서는 사람의 신념이나 가치 기준이 서로 다른 것을 인정하는 관용성이 내재하게 됩니다. 하지만 실용주의에 배어 있는 절대적 진리에 대한 상대적 입장, 혹은 현세적 가치 기준이 절대화되는 철학은 경계하여야 합니다. 세속적 인본주의처럼 개인의 현세적 행복이 최고 가치인 사상에 익숙한 사회에서 기독교가 자연스럽게 배제되는 것처럼, 실용주의 철학에 물든 사회나 개인에게 기독교의 가치 역시 매우 부자연스럽습니다.

미국은 19세기 말부터 현재에 이르기까지 실용주의적 교육 체계에 큰 영향을 받아왔습니다. 때로는 너무하다 싶을 정도의 실리적 가치관이 미국 정책과 문화에 배어 있음은 바로 이러한 교육의 영향 때문입니다. 실용주의에서 관용성이 배제된 정책들은 적지 않은 혼란을 불러 일으킵니다. 최근에 부각되는 '미국 우선주의'와 같은 노선입니다. 실용주의의 중요 기준인 '현실적 유용성'은 국가나 개인에 따라 다를 수 있는 상대적 가치이기 때문에 얼마든지 가변적입니다. 여기에는 하나님 자신과 그분이

원하시는 절대적 가치 기준에 대한 고찰이 없습니다. 이 시대를 살아가는 그리스도인들은 변함없는 하나님의 가치를 항상 우선적으로 생각하며 삶에 적용해야 합니다.

세속적 인본주의는 교육과 학문을 넘어서서 대중적 문화의 이름으로 확산되고 있습니다. 앞서 언급된 미국 인본주의 협회는 사회 분야별로 이 단체와 협력하거나 역사적으로 세속적 인본주의를 대표하는 사람들을 명시하고 있습니다. 과학 분야만 하더라도 스티브 워즈니악(Steve Wozniak), 캐롤린 폴코(Carolyn Porco), 에드워드 윌슨(Edward O. Wilson), 빌 나이(Bill Nye), 칼 세이건(Carl Sagan), 스티븐 핑커(Steven Pinker) 같은 사람들을 그 명단에서 찾아볼 수 있습니다. 이들 대부분은 전문성이 탁월할 뿐 아니라 그들의 대중에 대한 친숙도와 영향력이 막강한 사람들입니다.

스티브 워즈니악은 스티브 잡스(Steve Jobs)와 함께 애플을 공동 창립하였으며 본인을 무신론자 혹은 불가지론자라고 공공연하게 주장합니다. 그는 2011년 과학부분에서 인본주의협회상을 수상하였습니다.

캐롤린 폴코는 1980년대 목성, 토성, 천왕성, 해왕성에 대한 보이저 탐사선의 이미징 작업을 시작으로 태양계 외부를 탐험했던 여성 행성 과학자입니다. 2012년도에 《타임》이 선정한 '우주에 관련하여 25명의 가장 영향력 있는 인물' 중 한 사람으로 이름을 올렸습니다.

에드워드 윌슨은 하버드대학교의 생물학자였으며 20세기

를 대표하는 과학지성으로 알려져 있습니다. 그는 과학적 인본주의가 인간의 삶의 조건을 개선하는 데 가장 적합하며 신에 대한 믿음과 종교 의식도 진화의 산물이라고 주장합니다. 특별히 사회생물학의 창시자로 유명하며, 그의 저서《인간 본성에 대하여》(On Human Nature)와《개미》(Ants)는 퓰리처상을 수상했습니다.

빌 나이는 유명한 과학자이며 연예인이자 방송인으로서 무신론과 진화론적 견지에서 과학의 대중화를 선도하고 있습니다. "Bill Nye Science Guy"라는 TV 프로그램이 에미상을 수상할 정도로 영향력 있는 대중적 과학자 이미지를 갖고 있습니다. 우리나라에서는 EBS에서 "빌 아저씨의 과학 이야기"라는 제목으로 방영되었습니다. 그는 여러 방송 매체를 통하여 지속적으로 종교를 비판하며 진화론을 주장하고 있습니다.

스티븐 핑커는 캐나다 출신 심리학자입니다. 뇌인지과학자로서 미국의 MIT와 하버드 대학교에서 연구하였습니다. 그는 인간의 언어 능력이 자연선택을 통해 진화했음을 주장하였으며 인지과학, 행동유전학, 진화심리학적 내용이 통합된《언어본능》(The Language Instinct)이란 책을 출판하였습니다. 그밖에도 그의 저서는 우리나라에서도 여러 권이 번역 출판되었습니다.

《코스모스》(COSMOS)로 국내에서도 많이 알려진 칼 세이건은 대표적인 미국의 인본주의 천체 물리학자이며 자연과학의 대중화를 힘썼던 작가이자 운동가입니다. 1960년부터 시작된 미국의 외계인 탐사 프로그램인 SETI(Search for Extra-Terrestrial

Intelligence)를 주도적으로 이끌었습니다. 우리나라를 포함한 60여 개국에서 5억여 명이 시청한 "코스모스(Cosmos: A personal Voyage)"라는 TV 다큐멘터리 시리즈의 제작자로서 에미상과 피버디상을 수상하였습니다. 그는 생애 600편 이상의 과학 논문과 대중 기사, 그리고 20여 권의 책을 저자 또는 편집자로 참여해 출간했습니다.

이들은 오늘날 많은 기성세대뿐 아니라 10-20대로부터 본받고 싶은 사람들로 꼽힙니다. 기독교의 안경을 쓰고 대하지 않는다면 매우 매력적인 사람들이며 같은 분야에 종사한다면 존경심을 보내기에 충분한 학자들입니다. 1976년도 인본주의협회상을 수상한 의학자 조나스 살크(Jonas E. Salk)는 소아마비 백신을 개발하고도 특허권을 포기하여 전 미국인의 영웅이 된 사람도 있습니다. '일을 하면서 버는 돈으로도 내가 사는 데 전혀 지장이 없다'는 유명한 말과 함께 70억 달러 가치로 예측되는 백신의 특허 기술을 사회에 무료로 내놓았습니다.

이렇게 사회적으로 훌륭한 업적을 달성하고 존경을 받는 비그리스도인(여기서는 인본주의자)들에 대한 그리스도인들의 바람직한 태도는 무엇입니까? 그것은 그들의 업적과 열정 자체에 대한 존경과 존중입니다. 왜냐하면 그들의 과학에 대한 열정과 그에 따르는 업적들은 그들의 판단에 관계없이 그리고 예외 없이 모두 창조주 하나님으로부터 나온 것이기 때문입니다. 하나님의 섭리에 따라서 때로는 그 능력이 비그리스도인들에게 더 많이 발휘될 수도 있습니다. 하나님은 믿지 않는 자들에게도 연구의 열정과 능력을 허락하시며 그들을 선대하시는 것처럼 그리스도인들 역시 그들을 존중함이 마땅합니다.

아울러서 그리스도인들은 그들의 세계관과 그것이 미치는 사회적 영향력에 대하여 예의주시하여야 합니다. 예컨대 앞서 언급된 에드워드 윌슨의 학문적 업적과 열정에 대하여는 존중하되, 2003년도에 그가 동의하고 서명했던 미국 인본주의자협회의 3차 인본주의 선언문 내용을 간과해서는 안 됩니다. 그것은 그의 학문적 명성이 사회에 미치는 높은 상징성 때문입니다. 일반적인 사람들은 다수의 의견이 진리라고 생각하는 경향이 있으며 특별히 어떤 사람의 연구적 탁월성을 그 사람의 세계관이나 도덕성의 수준과 동일시하기 쉽습니다. 그가 서명에 동참한 3차 인본주의 선언문이 나오기까지 인본주의선언문은 그 형식을 교묘하게 채색하고 있습니다. 선언문 기저에 깔린 일관된 사상은 창조주 하나님과 창조를 부인하며, 유물론적 진화론을 견지하고 육신적 행복을 가장 큰 가치로 믿는 것입니다. 다소 노골적 표현의 2차 선언문과 이에 비하여 더욱 세련되어진 미국 인본주의자협회의 3차 선언문의 일부 내용을 소개합니다.

| 3차 선언문 일부 |

인간은 자연의 필수적인 한 부분이며, 의도치 않은 진화적 변화의 산물입니다. 인본주의자들은 자연이 스스로 있는 존재라고 인식합

니다. 우리는 우리 삶을 모든 것, 충분한 것으로 받아들이며, 있는 그대로의 사물과 우리가 바라거나 상상하는 그대로의 사물을 구분합니다. 우리는 미래의 도전을 환영하며, 아직 알려지지 않은 것들에 이끌리고 굴하지 않습니다.

| 2차 선언문 일부 |

인본주의자들은 여전히 전통적인 유신론, 특히 기도를 들으시는 신에 대한 신앙, 예컨대 신이 사람들을 돌보고, 그들의 기도를 듣고 이해하며, 그에 대해 무언가를 할 수 있다고 가정하는 것은 입증되지 않은 시대에 뒤떨어진 생각이라고 믿습니다. 단순한 확신에 기반한 구원론은 여전히 해롭고, 내세에 대한 거짓된 희망으로 사람들을 현혹하는 것으로 보입니다. 이성적인 사람들은 생존을 위해 다른 방법을 찾습니다.

우리가 미국 인본주의자협회를 주목하는 이유는 이 단체가 이념에만 머무르지 않고 매우 다양하고 영향력 있는 활동들을 조직적으로 펼쳐 나가기 때문입니다. 그 활동 중의 하나가 바로 인본주의적 사목이나 교목, 혹은 공적 주례자들을 양성하고 확산하는 일입니다. 미국에서는 신혼부부가 법적 부부로 인정받기 위해서는 공적 주례자(혹은 집전자, celebrants)의 서명이 필요합니다. 또한 미국 여러 대학교에서는, 심지어 기독교 정신으로 설립된 여러 명문 대학들도 이미 기독교 교목이 아닌 인본주의 교목들이 활동하고 있습니다. 앞서 소개했듯이 그들이 드리는 기도의 대상은 더 이상 '예수 그리스도'가 아닙니다. 그 자리를 '우리가 알고 있는 모든 신의 이름'으로 대신 채웁니다.

2000년 4월 미국 인본주의자협회는 그들의 유관 기관인 인본주의자 소사이어티(Humanist Society)가 미국연방교도국(FBOP)으로부터 유신론적 기관(교회)과 마찬가지의 동등한 지원과 지지를 얻어냈다고 보도하였습니다. 교회가 교도소를 방문하여 유신론적 교육을 하는 것과 동등하게 무신론적 사목들을 교도소로 파견하는 일이 공식적으로 인정된 것입니다. 인본주의 소사이어티가 미국 전역에 이미 공인된 사목과 집전자를 수백 명 보유하고 있을 것이라 예측합니다. 이들이 2010년에 설립한 인본주의 사목네트워크(Humanist Chaplaincy Network)로부터 이들의 정체성을 선명하게 볼 수 있습니다.

> "인본주의 사목자란 무엇일까요? 인본주의 사목들이 스스로 정의하는 인본주의란 도대체 어떤 것일까요? 인본주의는 신 없이도 선한 삶을 살 수 있다는 믿음입니다. 우리에게는 단 한 번의 삶이 있으며, 자신과 다른 인류를 위해 그 삶을 최대한 활용해야 한다는 믿음입니다. 인본주의자들은 미신(유신론)을 거부하고 이성과 증거를 통해 세상을 이해합니다"

이들의 정체성을 단언적으로 보여 주듯이 '신 없이도 선한 삶을 살수 있다'는 세속적 인본주의의 영향력은 미국의 지성 집단인 대학에서 급속도로 퍼져 나가고 있습니다. 미국 최고 명문대학의 하나인 윌리엄스컬리지(Williams College)는 'Williams Record'라는 130년 전통의 학보를 발간합니다. 이 학보의 2024년 2월 14일자 기사는 미국의 일부 엘리트 학생들이 생각하는 가치관을 명확하게 보여 줍니다.

> "영적 성장은 더 높은 존재를 믿지 않는 학생들도 누릴 수 있어야 합니다. 고등 교육을 받는 학생들이 무신론자일 가능성이 더 높다는 점을 고려하면 윌리엄스 대학교에 인본주의 목사를 고용함으로써 수백 명의 학생을 수용할 공간이 생길 것입니다. 인본주의는 인간성과 인간에 대한 사랑을 증진하는 동시에 광범위한 신념을 포용한다는 점에서 특별합니다. 대학은 모든 학생이 안전한 영적 성장을 누릴 수 있도록 교목실에 인본주의를 포함하는 것을 진지하게 고려해야 합니다."

학생들은 무신론적 인본주의자 교목을 기대하며 학교가 그들을 고용하기를 촉구하고 있습니다. 특이하게도 이 기고문에서는 내세와 영혼을 믿지 않는 인본주의자가 도리어 '영적 성장'을 이야기하고 있습니다. 인본주의가 표방하는 무신론적 가치관 안에서 인간 사이의 동료애와 광범위한 신념의 포용을 강조하고 있습니다. 미국에서 다양성, 형평성, 포용성을 나타내는

DEI(Diversity, Equity, Inclusion)라는 단어는 우연히 만들어진 것이 아닙니다. 그것은 우리가 지금 살펴보고 있는 세속적 인본주의의 강력한 영향력 덕분입니다. 이러한 단어들은 매우 고상한 형태로 반기독교적 문화를 형성하고 있습니다.

생각해 봅시다

1] 서구에서 많은 나라가 비기독교적 사상으로 물들어 가는 과정과 동시대 기독교 내부의 모습이나 상황에는 어떤 관계가 있다고 생각합니까?

2] 미국 인본주의자협회 선언문 내용은 기독교 세계관과 어떤 차이가 있다고 생각합니까?

4장
무신론적 인본주의에 어떻게 대응할 것인가

무신론 세계에서 창조론 변증하기

미국의 과학자 빌 나이는 대표적인 무신론자 방송인입니다. 여러 방송 매체를 통하여 지속적으로 창조론을 비판하며 진화론을 주장하고 있습니다. 그가 제작하고 진행을 맡은 TV쇼 "세상을 구하는 사나이 빌 나이"(Bill Nye Saves the World)는 넷플릭스(Netflix)에서 스트리밍되어 2017년도 4월부터 거의 1년간 방영되었습니다. 이 TV쇼의 사전 홍보 문구에는 이렇게 적혀 있습니다.

> "1990년대 인기 과학 시리즈의 진행자 빌 나이. 프로그램은 끝났어도 빌의 역할은 끝나지 않았다. 진화론을 무시하고 기후변화를 비웃는 반 과학 운동이 사라지는 그날까지!"

전문성과 대중성의 옷을 입은 인본주의자들은 보이지 않는 신을 믿는 종교에 대하여 반과학적, 비지성적이라 비판하며 폄훼합니다. 차세대들이 교회에서는 창조론을 배우면서 학교에서는 과학 교과서를 통해서 진화론을 배우는 매우 혼란스러운 시대입니다. 여기에 더해서 대중 매체나 문화의 분위기에서는 '진화'라는 단어를 매우 자연스럽고 긍정적인 의미로 사용하고 있습니다. 이러한 상황 때문에 현실적으로 기독교의 차세대들은 매우 큰 갈등에 빠질 수 있습니다. 과학 교과서에 이론으로 소개되는 진화론과 교회에서 듣는 창조론 사이에서 그리스도인은 '천동설 콤플렉스'를 느낄 수 있습니다. 천동설 콤플렉스란 비과학적 사실인 천동설을 기독교의 신념으로 표명하여 발생한 그리스도인의 과학에 대한 알레르기적 반응을 말합니다.

과학 시대라 하는 현대 사회에서 반과학적이고 고리타분한 종교를 믿는 학생이라는 프레임은 어린 학생들로서 견디기 힘들 것입니다. 그러므로 창조에 대한 기독교적 변증은 매우 중요합니다. 현대의 그리스도인들은 더 이상 천동설 콤플렉스에 빠질 필요가 없습니다. 과거 교회의 실수 때문에 기독교가 과학을 멀리하고 스스로 비과학적이란 굴레에 빠질 일이 아닙니다. 과학 역시 하나님이 허락하신 귀한 선물이기 때문입니다.

기독교 변증의 중요성을 이야기한다는 것이 이성을 절대적 진리의 기준으로 삼는 인본주의자들과 이성의 논리로 싸워 이기겠다는 말은 아닙니다. 결코 지성으로 하나님을 증명할 수 없으며 세상과 싸워 이기는 방법은 믿음뿐입니다(요일 5:4, 히 11:3). 기독교 신앙에 대한 변증의 중요성은 예수님이 잡히시기 전 그의 백성들을 위해 하신 마지막 기도에서 찾아볼 수 있습니다.

내가 비옵는 것은 그들을 세상에서 데려가시기를 위함이 아니요 다만 악에 빠지지 않게 보전하시기를 위함이니이다 요 17:15

앞서 설명했듯, 예수님이 바라신 것은 믿는 자의 신앙과 순결을 지키는 것입니다. 변증의 목적은 논리의 승리가 아니라 보호에 있습니다. 이는 예수님이 친히 가르쳐 주신 주기도문에서도 매우 큰 비중으로 다뤄집니다. 주기도문도 자세히 살펴보면 보전에 관련된 내용이 매우 큰 비중으로 다루어지고 있음을 알 수 있습니다.

그러므로 너희는 이렇게 기도하라 하늘에 계신 우리 아버지여 이름이 거룩히 여김을 받으시오며 나라가 임하시오며 뜻이 하늘에서 이루어진 것 같이 땅에서도 이루어지이다 오늘 우리에게 일용할 양식을 주시옵고 우리가 우리에게 죄 지은 자를 사하여 준 것 같이 우리 죄를 사하여 주시옵고 우리를 시험에 들게 하지 마시옵고 다만 악에서 구하시옵소서 나라와 권세와 영광이 아버지께 영원히 있사옵나이다 아멘 마 6:9-13

예수님의 우선적 관심은 성도들의 보전입니다. 신앙인의 세속적 사상으로부터의 보호가 바로 변증입니다. 인본주의와 기독교 세계관의 근본적 차이는 신의 존재에 대한 믿음의 여부입니다. 그리스도인은 이 신을 성경에 기록된 대로 창조주로서 믿지만, 자연주의 인본주의자들은 보이지 않는 신의 존재를 받아들이지 않기로 결심한 사람들입니다. 그러므로 창조주 신의 존재에 대한 변증은 매우 중요합니다.

무신론적 세계관(진화론)이 주류가 된 세상에서 성경의 창조론을 변증하는 실제적 접근 논리와 대응은 세 가지입니다. 첫째, 경험적 실험을 통하여 존재를 규명하는 과학적 접근의 한계를 인정하도록 하는 것입니다. 과학은 신의 부재를 증명하지 못하지만, 마찬가지로 신의 존재도 증명 못 합니다.

둘째, 신의 존재 유무 자체에 대한 직접적인 증명은 불가능하지만, 자연세계가 가리키는 간접적인 개연성을 합리적으로 제시하는 것입니다. 그런데 지적 수준이 천차만별인 그리스도인들이 이 개연성을 이해하려면 이를 위한 합리적(과학적) 지식의 장벽이 낮아야 합니다. 쉽게 설명하고 이해할 수 있어야 합니다. '창조주 신이 있을 수 있겠다'거나 '창조주 신이 존재한다고 믿는 것이 생각보다 부끄러운 일이 아니구나'라고 느낄 수 있으면 됩니다. 이런 반응의 예는 '변증'에서 기대되는 최소한의 반응을 말하는 것입니다. 사실 이 과정에서 기독교 세계관이 확립된 사람들은 이런 소극적 느낌 이상의 희열과 감동이 찾아옴을 압니다. 그리고 본인이 갖고 있던 창조 신앙에 대한 확신과 확증을 경험하게 될 것입니다.

셋째, 진화론 교육 현실에 대한 대응입니다. 언급된 것처럼 생명의 기원에 대한 해답은 과학적 접근으로 밝힐 수 없습니다.

그런데도 진화론을 정설로서 학교에서 교육하고 있습니다. 그러므로 과학 교육을 받을 때는 그것이 반드시 정설이라고 받아들이는 것이 아니라 여러 가설과 가정을 배울 수 있다는 마음가짐이 필요합니다. 그리고 가설 역시 시험에 출제되고 있는 것은 당연합니다. 어쩔 수 없이 진화론을 교육과정으로 채택한 학교에 출석하는 기독교 학생들은 진화론을 하나의 가설로 마음에 두고 공부하는 자세가 필요합니다. 가설의 내용이 시험에 나오니 열심히 진화론에 대하여 배우면서도 동시에 과학의 기본정신에 따라 가설에 대하여 끊임없이 의심과 질문을 던져야 합니다. 이런 자세는 진화론 교육과정에 대한 능동적이고도 현명한 현실적 대응입니다.

그리스도인들은 세상의 무신론적 주장과 공격에 대하여 두 개의 세계관적 방패를 들고 있어야 합니다. 그것은 그들의 논리의 허점에 대한 인지와 자연 세계가 보여 주는 신의 존재를 뒷받침하는 합리적 근거와 개연성입니다. 지금부터 우리가 생각해 볼 내용은 이러한 두 방패에 대한 설명입니다.

기독교를 비과학적이라고 주장하는 인본주의의 논리에 대하여

인본주의자들은 그들의 세계관이 과학적이며 이성적인 반면 기독교는 비과학적이며 비이성적이라는 프레임을 고집합니다. 먼저 인본주의에서 내세우는 프레임의 비논리성에 대하여 이해하여야 합니다. 생명의 기원에 대하여 창조와 진화 중에 무엇이 맞는지를 과학적으로 증명하는 것은 불가능합니다. 무에서 유를 만드는 창조는 과학의 범위를 넘어서기 때문입니다. 과학적이라 함은 어떤 가설에 대하여 실험적인 반복 과정을 통하여 동일한 결과를 얻는 것인데, 생명의 기원은 이런 과학적 실험으로 증명할 방법이 없습니다. 과거의 사건을 되돌려서 재현성 있는 실험을 하는 것이 불가능하기 때문입니다. 그러므로 진화론이 과학적인 용어로 설명되며 창조는 과학적으로 설명이 불가능하므로 진화는 진리이고 창조는 거짓이라고 주장하는 것은 잘못된 논리입니다.

 무신론자들의 이원론적 프레임은 신의 존재나 영혼의 존재 등 형이상학적 대상에 대하여 경험적(방법론적) 자연주의를 적용하는 모순이 있습니다. 신의 존재는 경험적인 실험을 통한 과학적 규명이 불가한 영역입니다. 결국 기독교와 세속적 인본주의라는 종교는 신념, 즉 믿음의 이슈입니다. 우리는 하나님의 존재와 그분이 인간을 창조하셨음을 지식이 아니라 믿음으로 압니다. 보이지 않는 영혼의 존재와 죽은 몸이 다시 살아나는 부활과 영생도 머리로는 이해되지 않지만 믿음으로 받아들입니다. 우리가 이성으로 신이 있음을 증명할 수는 없지만, 반대로 신이 없음도 증명할 수 없습니다. 그러므로 창조와 진화를 놓고 어느 것이 맞는가를 과학으로 판별한다는 것은 불가능합니다. 존재하지만 과학으로 증명할 수 없는 것들이 많이 있음에도 불구하고 과학으로 존재하는 모든 것을 설명할 수 있다고 하는 무신론적 자연주의의 프레임은 매우 비합리적인 접근입니다. 마치 축구 선수가 농구 선수에게 "운동이란 발과 머리를 써야지 손을 쓰면 안 되는 것이다"라고 말하는 것과 같습니다. 이 같은 논리에는 큰 문제가 있습니다. 세속적 인본주의자들은 원래 이성으로 증명할 수 없는 하나님을 이성으로 증명할 수 없으니 신은 없다고 주장하는 것입니다. 그리고 신이 있다고 하는 사람들에게 비지성적이라는 프레임을 씌웁니다.

인본주의에서 그렇게 강조하는 지성도 원래 창조주 하나님의 것이며 하나님의 백성은 그것을 즐길 수 있습니다. 그리고 그리스도인들은 지성이 마치 인본주의자들의 전유물인 것처럼 이야기하는 프레임에서 벗어나서 그것을 원래의 자리에 놓아야 할 책임이 있습니다. 반대로 그리스도인들이 비그리스도인들의 지적인 활동과 우수성에 대해서도 무조건 배척하거나 무시할 수 없습니다. 그들 역시 일반은총에 의해서 하나님이 베푸시는 지적 능력을 얼마든지 발휘하기 때문입니다. 하나님의 일반은총이 그들에게도 임하였기 때문에 그들의 이성적 업적을 존중해야 합니다. 그러나 인본주의자들의 프레임 자체가 문제가 있음을 지적하고 이해하는 것은 매우 중요합니다.

현대의 과학주의는 그리스도인에게 자주 이런 제안과 시험을 합니다. '당신에게 고성능 GPS를 주겠으니 사용해 보겠습니까, 아니면 오직 목자 되신 여호와 하나님만 의지하고 가겠습니까?' 현실적으로 생각해 봅시다. GPS는 처음 가는 길이라도 매우 빠르고 실시간으로 정확하게 우리를 안내해 줍니다. 그러나 만일 그 그리스도인이 GPS를 포기하고 하나님을 선택하였다고 가정해 봅시다. 무릎을 꿇고 하나님께 길 안내를 위한 기도를 드립니다. 과연 하나님이 어떻게 반응하실까요? 제 개인적인 생각이지만, 아마도 하나님은 이 기도에 침묵하실 것입니다. 하나님은 실시간으로 오 분 후 동쪽으로 가고 그 후에 왼쪽으로 가라고 가르쳐 주시지 않습니다.

그렇다면 침묵하시는 하나님 대신 GPS가 실제적으로 우리를 인도하며 도움을 준다고 생각하면 되는 걸까요? GPS를 제안한 과학주의는 이렇게 외칩니다. '인류에게 믿을 것은 과학과 이성뿐이며 우리는 보이지 않는 신의 존재에 대하여 신경쓸 필요조차 없습니다.' 이것이 바로 세속적 인본주의자들이 사용하고 있는 프레임입니다. 무엇이 잘못되었습니까? 그것은 그들의 프레임에 맞는 이분법적 기준으로 GPS와 하나님을 구분하여 하나를 선택하라고 하는 것입니다. 이성과 하나님을 분리하고 하나를 선택하라고 하는 것입니다. 이러한 프레임이 비지성적임을 분명히 인지해야 합니다. 하나님은 GPS 제품에 들어가는 모든 재료를 만드신 분이며 인간에게는 그 재료를 사용하여 제품을 만들 수 있는 지성을 주신 분입니다. GPS를 통하여 우리에게 길을 가르쳐 주시는 분입니다. 우리는 하나님이 만드신 그 GPS를 마음껏 택하여 사용할 수 있으며 그 선택은 결코 하나님을 포기하는 행동이 아닙니다.

신앙과 지성을 분리하려는 세속주의적 세계관에 대하여 우리는 무엇을 말할 수 있습니까? '지성은 결코 신의 존재를 부정하지 않는다'라는 사실입니다. 순수한 경험적 지성은 오히려 창조주의 존재를 강력하게 암시하고 있으며, 이 내용이 우리가 지금부터 살펴볼 내용입니다.

신의 존재에 대한 개연성

신의 존재성을 간접적으로 가리키는 과학적 근거는 우리의 주변과 일상 생활의 환경에 차고 넘칩니다. 그리스도인들은 이러한 합리적 근거들의 습득이나 사고에 두려워하거나 외면할 필요가 없습니다. 근거의 내용이 어렵거나 없기 때문이 아니라 눈을 들어 보지 않기 때문입니다. 이러한 근거들은 어떤 신의 존재에 대한 증명은 아니지만 무신론자들에 대한 반박과 변증으로서 충분하고 중요합니다. 미세한 물질, 거대한 물질, 살아 있는 생명체의 일상적 내용들은 오늘도 평화롭게 반짝이는 하늘의 별이 되어 창조주를 노래합니다. 자연에 깃들인 여러 질서와 현상들을 들여다보는 것 즉 우리가 소위 과학이라고 하는 것은 이런 측면에서 매우 소중합니다. 과학을 공부한다는 것은 그리스도인에게 있어서 하나님이 만드신 창조의 세계를 두근거리는 마음으로 여행하는 행위입니다.

미분 적분을 발견하고 만유인력의 법칙을 발견한 뉴턴은 그의 저서 《프린키피아》에서 이렇게 기록했습니다.

"천체는 태양, 행성, 혜성 등으로 매우 아름답게 이루어져 있는데, 이것은 지성을 갖춘 강력한 실재자의 의도와 통일적인 제어가 있기 때문에 비로소 존재하게 된 것이라고 말할 수밖에 없다. 지극한 하나님은 영원, 무궁, 완전하신 분이다."

뉴턴 이후 혁혁한 과학의 발전으로 사람들은 두 가지 서로 다른 선택의 갈림길에서 선명하게 차이를 보입니다. 하나는 과학의 발전으로 인간의 능력이 점점 극대화되어 인간은 신이 없는 완전한 자유를 누리게 된다는 과학 만능주의의 세계관입니다. 다른 하나는 과학의 발전으로 자연 세계에 대한 비밀이 밝혀지면서 신에 대한 존재감을 더욱 확신하는 기독교적 세계관입니다. 과학의 눈으로 보는 자연 세계는 인간에게 어떤 메시지를 주고 있을까요? 이런 메시지들을 이해하기 위해서 고도의 과학 지식이 필요한 것은 아닙니다. 다음 장에서는 이러한 자연의 메시지에 대하여 살펴보도록 하겠습니다.

생각해 봅시다

1] 비그리스도인들이 기독교의 하나님을 포함하여 신의 존재를 부정하는 이유가 무엇일까요?

2] 세상 사람들이 공개적으로 하나님의 존재를 인정하지 않을 때에 어떤 마음이 듭니까? 그럴 때 그리스도인으로 어떻게 대응해야 할까요? 하나님의 존재를 부정하는 사람과 개인적으로 대화할 수 있는 자리가 주어진다면 어떤 말을 할 수 있을지 생각해 봅시다.

5장
과학적 논리가 세속적 인본주의에 답하다

미세한 물질세계가 의미하는 것

이제 말을 겨우 알아듣는 어린아이에게 강아지 그림을 사실적으로 그리라고 한다면 어떤 결과가 예상됩니까? 강아지를 그렸다고 하나 구체적인 형상을 정확하게 표현하지 못할 것입니다. 아이에게 정밀한 묘사는 쉽지 않습니다. 그런데 아이가 좀 더 자라 나이가 차고 지적 수준이 향상된다면 어떨까요? 그가 그리는 강아지 형상은 점점 사실적 형태를 잡아 갈 것입니다.

그림을 사실적으로 표현할 수 있으려면 그 형상의 특징이나 규칙성을 이해하는 인지 능력이 있어야 하고, 이를 토대로 뇌에 새겨진 기억을 종이에 옮겨 담을 수 있어야 합니다. 어떤 그림에서 매우 복잡한 형상이 매우 정교한 규칙성을 띄고 있다면, 우리는 그 그림의 작가가 매우 지적인 존재라는 사실을 부인할 수 없습니다. 물론 모든 작품의 예술성을 규칙성과 연관시키는 것은 아닙니다. 우리는 고도의 예술적 재능이 발휘되더라도 규칙성을 찾기 어려운 많은 추상적 미술품이 존재함을 잘 알고 있습니다. 그러나 어떤 그림에서 고도의 정교성과 규칙성이 드러난다면 우리는 미술에 대한 전문적 지식이 없다 하더라도 어렵지 않게 두 가지 사실에 동의할 수 있습니다. 첫째는 그 그림이 저절로 만들어진 것이 아니라 누군가의 행위에 의하여 의지적으로 만들어졌다는 것이며, 둘째는 그 그림을 그린 화가의 지적 능력 수준이 매우 탁월하다는 사실입니다.

    자연 세계에 존재하는 모든 고체는 원자 배열에 따라 결정(Crystalline), 다결정(Polycrystalline), 비결정(Amorphous)체로 분류됩니다. 이중 고체 결정 내부에는 인간의 눈으로는 볼 수 없지만 매우 정교하고 규칙적인 원자들의 배열이 존재합니다. 원자의 크기는 매우 작습니다. 예를 들면 니켈의 원자 크기는 비말과 같은 물방울 부피 공간에 약 10억 개가 들어갈 만큼 작습니다. 그런데 이 금속 조각에 존재하는 원자들은 공간 속에서 특정한 위치에 규칙적인 배열로 자리 잡고 있습니다. 규칙성이란 반복 과정을 통하여 확대할 수 있다는 특징이 있습니다. 마치 같은 모양과 무늬를 갖고 있는 한 장의 기본 타일을 반복적으로 계속 연결하여 전체 타일벽을 만들 수 있는 것과 마찬가지입니다. 니켈의 공간 규칙성은 다음의 간단한 정육면체 그림(그림 1)으로 쉽게 알아볼 수 있습니다.

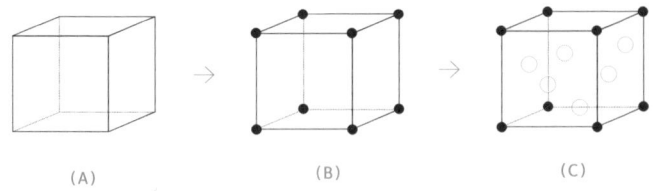

(A)　　　　　　(B)　　　　　　(C)

| 그림 1 | 정육면체의 특징은 한 개의 꼭짓점에 세 개의 정사각형 면이 직각으로 만나고, 여섯 개의 정사각형 면으로 이루어진 3차원적 구조이다. 서로 직각을 이루는 세 축과 여섯 개의 정사각형 면과 여덟 개의 꼭짓점이 있다(A). 이러한 기본 정육면체 공간에서 먼저 여덟 개의 꼭짓점에 공(**원자**)을 하나씩 올려놓는다(B). 그리고 이 상태에서 여섯 면의 중심에 또 원자를 올려놓는다(C). 이 간단한 과정에서 도형의 규칙성은 더욱 확장된다.

정육면체(그림 1-A)의 여덟 개의 꼭짓점에 공 하나를 올려놓은 다음(그림 1-B), 여섯 면의 중심에도 공을 하나씩 올려놓은 그림 1-C는 그림 1-A에 비하여 더욱 복잡해 보이며 규칙성은 더욱 확대되었습니다. 이미 규칙성을 갖는 도형의 기반 위에 다시 특정한 위치에, 그리고 정확한 숫자의 공을 올려놓았기 때문입니다. 규칙성이 확장되었다는 것은 어떤 의미가 있을까요? 그것은 더 많은 지적 능력이 요구된다는 것입니다. 그렇다면 그림 1-C의 그림을 기본 단위로 하여 세 축과 평행한 위치로 이 기본 단위 그림을 계속 반복하여 올려놓으면 어떤 결과를 얻게 될까요?

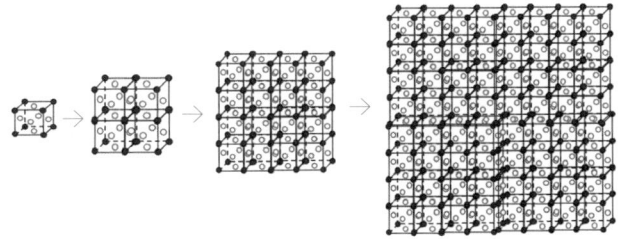

|그림 2| 하나의 정육면체에 여덟 개의 꼭짓점과 여섯 면의 중심에 원자를 한 개씩 올려놓은 형태를 기본 단위로 하여 세 축과 평형의 방향으로 이 기본 단위를 반복적으로 전사할 때의 과정을 나타낸 개념도. 기본 단위의 크기가 확대되는 만큼 최종 결과물의 규칙성은 더욱 확장된다. 확장된 규칙성이 의미하는 분명한 사실은 그 결과물이 어떤 존재에 의하여 의도적으로 생성되었다는 것과 규칙성의 크기만큼 그 존재의 지적 능력이 크다는 점이다. 이것은 부인할 수 없는 사실이다.

여덟 개의 꼭짓점과 여섯 면의 중심에 원자를 한 개씩 올려놓은 정육면체를 기본 단위로 하여 공간적으로 세 축과 평형의 방향으로 반복 전사라는 규칙성을 더하면 그 개체의 크기는 반복 전사에 비례하여 확장됩니다. 물론 이때 개체가 갖고 있는 규칙성도 그 크기에 따라 확대되므로 우리가 일상에서 보게 되는 조그만 니켈 금속 조각은 이미 그 안에 엄청난 규칙성이 내재된 것입니다.

그림에서 기본 타일과 같은 역할을 하는 기본 단위(그림 1-A)를 결정학(Crystallography)에서는 단위격자라고 부릅니다. 이 단위격자의 구조는 원자의 개 수와 원자 간 거리 및 단위격자를 이루고 있는 세 축 간의 각도 등, 고도의 규칙성으로 정의됩니다. 결정학에서는 이들 단위격자를 열네 가지로 분류하고 있는데, 이러한 분류로 모든 금속 결정체의 결정 구조를 정확하게 판단하고 분류할 수 있습니다. 자연 속에 있는 대부분 금속의 구조를 이런 규칙성으로 분류한다는 것은 곧 자연 세계가 이미 명확한 규칙성과 질서로 구성되었다는 뜻입니다.

일반적으로 큰 물건을 다루거나 큰 형상의 그림을 그리는 것은 어렵다고 생각합니다. 그런데 반대로 매우 작은 물건이나 크기의 배열구조를 갖는 작품을 만드는 것은 어쩌면 더 어려운 일일 수 있습니다. 지금 우리가 이야기하는 단위 격자와 원자는 눈에 보이지도 않고 손가락으로 감지도 안 되는 아주 작은 크기의 개체입니다. 그림 1-C에서 보여 주는 정육면체에서 한 변의 길이는 대략 사람 머리카락 두께의 만분의 일 정도 되는 매우 작은 값입니다. 이 작은 정육면체 안에 그 작은 니켈 금속 원자가 특정한 자리에 네 개씩 규칙적으로 차곡차곡 채워져 있습니다. 인간의 눈으로는 도저히 볼 수 없는 이 작은 세상의 모습은 고성능 현미경을 통하여 간접적으로 볼 수 있습니다(그림 3).

| 그림 3 | 실제 니켈 금속을 전자 투과 현미경(HTEM: High Resolution Transmission Electron Microscope)을 사용하여 1,200만 배율로 확대한 2차원적 사진. 하얀 줄에 표시된 길이 단위인 'nm(나노미터)'란 1미터의 십억분의 일에 해당하는 아주 작은 길이이다.

경이롭지 않습니까? 이 작은 원자 하나하나가 창조주의 뜻에 순종하여 정확히 제 자리를 지키는 모습이 말입니다. 사진에 담겨 있는 원자 단위의 미세한 스케일과 그 미세한 세계에서의 엄청난 규칙성을 발견하기 바랍니다. 이것이 우연히 만들어졌다고 생각합니까? 집합체의 크기가 클수록 그 개체가 갖고 있는 규칙성은 더욱 고도화되고, 집합체의 요소들이 원자 단위의 매우 작은 크기를 가졌다면 이 사진이 가리키는 사실은 명확합니다. 이것은 반드시 누군가 의도적으로 만들었으며, 이 엄청난 규칙성의 크기만큼 그 만든 존재의 지적 능력이 엄청나다는 것입니다. 이것은 부인할 수 없는 사실입니다. 이걸 보고도 이런 형태가

오랜 세월을 거치는 동안 우연히 자연적인 현상에서 빚어진 것이라고 이야기한다면 이 주장은 과연 합리적이라고 말할 수 있을까요? 그 주장은 마치 공작새의 섬세한 깃털 하나하나를 색깔과 모양대로 정교하게 그린 그림을 보고 나서 그 그림의 작가가 갓 태어난 고양이라고 우기는 것보다 더 비합리적입니다.

놀라운 사실은 이런 고도의 규칙성을 발견할 수 있는 '작품'이 이 세상 구석구석에 흔하게 널려 있다는 것입니다. 미세한 물질세계의 놀라운 작품을 발견할 때마다 우리는 이것들을 만들어 낸 작가가 분명히 존재하며, 그 존재는 인간의 지성과 능력의 한계를 뛰어넘는 초월적 능력자임을 추론할 수 있습니다.

금속 고체는 외부에서 충격이 가해지기 전에는 저절로 움직이지 않는 것처럼 보이지만 사실 내부에서는 이온이나 전자 등 무수히 많은 입자의 규칙적인 움직임이 있습니다. 어느 정도의 기초물리 지식이 있는 사람이라면, 반도체의 경우 외부로부터의 열에너지나 광에너지 등의 미세한 자극으로 인해 그들의 전자들이나 이온들이 얼마나 변화무쌍하게 그러나 질서 있게 반응하고 움직이고 있는지를 잘 알고 있습니다. 과학은 이러한 반응과 거동을 실험과 관찰로 확인하며 이를 공식이나 상수로 표현할 뿐입니다. 수많은 자연현상이 어떤 규칙에 의해서 해석된다는 것은 앞서 설명한 니켈 원자의 경우처럼 그 규칙성의 저자인 지적 존재의 가능성을 분명하고 설득력 있게 전달합니다.

그리스도인은 이런 규칙성과 질서의 세상을 만들고 다스리는 신이 분명히 존재한다고 믿는 사람들입니다. 그 신은 전능하시며 성경이 그에 관하여 설명하고 있다고 믿는 사람들입니다. 지성은 기독교 가치관에 모순되지 않습니다. 과학은 창조주의 존재에 대한 개연성을 옹호합니다.

거대한 물질세계가 의미하는 것

앞서 살펴본 미세한 원자들의 세계와 반대로 거대하고 역동적인 시스템이 과학적으로 보여 주는 사실은 무엇일까요? 금속 덩어리와 같은 고체, 혹은 액체는 힘을 가진 어떤 사람이 발로 차거나 혹은 손으로 그것을 잡아 들어올릴 때에 이동할 수 있습니다. 그런데 만일 아무도 힘을 가하지 않았음에도 불구하고 그 고체 덩어리가 갑자기 공중 위에 둥둥 떠서 움직이기 시작했다면 어떤 일들이 벌어질까요? 아마 모든 미디어가 그 현장을 취재하고 대서특필했을 것입니다. 그런데 그 고체가 만일 우리의 상상을 초월하는 무게인 데다가 한두 개가 아니라 수없이 많은 숫자로 공중을 날아다니고 있다면, 그것도 서로 부딪히는 일 없이 질서 있게 특정한 궤도를 돌고 있다면 과연 우리는 이 현상을 보고 우연이라고 말할 수 있을까요?

우리가 잘 알고 있는 아이작 뉴턴(Isaac Newton)이 태양 주위를 돌고 있는 행성들의 모형을 만들고 그것을 친구에게 보여 주었습니다. 친구는 이 멋진 모형을 보고 '이것을 누가 만들었느냐'고 물었습니다. 그때 아이작 뉴턴이 이렇게 대답했다고 합니다.

"이건 그냥 저절로 만들어진 거야."

그러자 그 친구는 화를 내며 "이렇게 정교한 것이 어떻게 저절로 만들어졌다는 말인가?" 하고 반문했다는 것입니다. 천체물리학과 망원경의 발전으로 인간은 우주에 대해서 점점 많은 것을 알아가게 되었습니다. 그러나 신기하게도 뉴턴의 친구가 물어보았던 질문, '이것을 누가 만들었나?'와 같은 당연한 질문들을 요즘 세대에서는 들어 보기 어렵습니다. 이 시대는 자연을 바라보는 기회가 예전보다 많지 않습니다. 현대인의 바쁜 일상적인 흐름에 묻혀서 이런 근본적인 질문들을 잊어버리고 사는 것입니다. 지금부터는 매우 쉬운 몇 가지 우주에 대한 이야기를 통해 뉴턴의 친구가 던진 질문과 이에 대한 해답을 생각해 보고자 합니다.

우주선에서 보는 지구는 유난히 푸른 빛을 띄고 있는 아름다운 별입니다. 이런 지구의 모습에 대하여 칼 세이건은 그의 저서 《악령이 출몰하는 세상: 과학, 어둠속의 촛불》(Demon-Haunted World: Science as a Candle in the Dark)에서 태양 빛 줄기 위에 놓인 지구를 이렇게 표현했습니다.

"태양빛(Demon-Haunted World: Science as a Candle in the Dark)의 반사로 인해서 우리의 지구는 광선으로 스폿 라이트를 받고 있는 것처럼 보인다. 마치 이 작은 세계가 무슨 특별한 의미를 지닌 것처럼 말이다. 하지만 그것은 우연에 불과하다. 우리의 이 행성은 거대한 암흑의 우주에 갇힌 외로운 한 점에 불과하다."

과연 지구는 그의 언급대로 특별하지 않은 '평범한 별'일까요? 지구의 특별성을 살펴보는 것은 지구를 포함하는 태양계를 살펴보는 것이며, 나아가서 태양계가 속한 우리은하를 생각해 보는 것입니다. 그리고 나아가 전 우주의 정체성을 가늠할 수 있는 단초가 됩니다. 왜냐하면 이 각각의 공간적 단위들은 서로가 강력하게 연계되어 있습니다. 지구가 특별한 별이라면 지구를 둘러싼 주변 행성들과 환경들도 지구와 마찬가지로 특별한 질서와 환경 속에 놓여야 합니다. 우리가 관심을 가지는 지구에 대한 이야기는 결국 우리 눈앞에 실존적으로 펼쳐져 있고 아직도 그 끝을 모르는 이 방대한 우주에 대한 이야기입니다.

사실 인간이 감지할 수 있는 에너지의 범위는 매우 제한적입니다. 너무 큰 것이나 작은 것, 혹은 너무 많은 숫자의 대상물은 우리 머리 속에서 형상화하기가 어렵습니다. 그렇다 하더라도 고도화된 우주망원경의 도움으로 이 광활한 우주의 범위에 대하여 살펴보는 것은 매우 흥미롭습니다. 허블 망원경의 발명은 천체물리학의 발전에 크게 기여하였습니다. 이 망원경은 1990년부터 우주에 발사되어 아직도 사용 중입니다. 1996년도에 약 1,200억 개 정도로 추산되었던 우주에 존재하는 은하의 개수는 2010년도에는 약 2조 개 정도에 이르는 것으로 발표되었습니다. 이 망원경의 발전과 관측기술 덕분입니다. 그런데 은하 한 개에는 약 천억 개의 별이 존재한다고 알려져 있습니다. 그러므로 2조 개의 은하에는 우리가 상상할 수 없을 정도로 많은 수의 별이 존재합니다. 2021년부터 미국항공우주국(NASA)에서 사용한 제임스웹 우주망원경(JWST: James Webb Space Telescope)은 허블 망원경에 비하여 훨씬 더 넓고 선명한 우주의 모습을 담아 내고 있습니다. 2022년도 7월 미국항공우주국(NASA)은 최초로 제임스웹 우주망원경으로 촬영한 우주의 딥필드 사진(그림 4)을 공개하였는데, 수천 개의 은하를 담고 있는 이 사진 속 공간은 실제로는 마치 인간의 팔에 올려놓은 한 개의 모래 알갱이로 비교할 만큼 전체 우주 크기에 비해서 극히 작은 일부분입니다.

| 그림 4 | 2022년 7월 미국항공우주국이 공개한 제임스웹 우주망원경 최초의 우주 공간 딥필드 사진. 별처럼 반짝이는 물체는 별이 아니라 약 천억 개의 별이 모인 은하의 모습이다.

이토록 방대한 우주는 그냥 바라보기에는 매우 안정적이고 고요해 보입니다. 그런데 과학이 발전하면서 우주의 거대한 역동성이 드러나고 있습니다.

미국 뉴저지의 놀이공원 식스 플래그(Six Flags)에는 킹다카(Kingda ka)라고 하는 롤러코스터가 유명합니다. 높이는 139m로 세계 최고를 자랑하고, 낙하 높이 127m, 최고 속도 206km/h로 매우 빠르게 질주합니다. 기차의 마찰음과 사람들의 공포 어린 함성으로 이 롤러코스터가 있는 놀이공원은 항상 시끄럽고, 사람들의 시선을 끕니다. 그런데 지구는 우리가 전혀 감지 못 할 정도로 조용하지만, 사실 롤러코스터와 비교할 수 없이 빨리 움직이고 있습니다. 굉음을 울리며 달리는 자동차 경주장을 상상해 봅시다. 일반적으로 큰 역동성은 큰 소리를 유발합니다. 그러나 지구를 포함한 우리 주변의 별들은 그 큰 역동성에도 불구하고 우리에게 전혀 불편한 소음을 주지 않습니다.

지구는 자전축을 기준으로 음속보다 조금 더 빠른 속도인 약 1,670km/h로 쉬지 않고 자전하고 있습니다. 옛날 아이들이 즐겨 하던 팽이놀이를 기억하십니까? 적절하게 채찍질하지 않으면 팽이는 속도를 줄이며 멈춰 서고 넘어집니다. 그런데 지구는 330km/h로 질주하는 KTX보다 약 다섯 배나 빠른 속도로 계속해서 돌고 있습니다. 도대체 이 에너지는 어디에서 나옵니까? 지구는 자전과 동시에 약 10만 7천km/h의 빠른 속도로 태양 주위를 공전하고 있습니다. 지구를 비롯한 여덟 개 행성은 항성인 태양 주위를 공전하는 동시에, 태양계 자체도 약 78만 km/h의 빠른 속도로 우리은하의 중심 주위를 공전 이동하고 있습니다. 지구를 비롯한 여러 행성이 마치 무리를 짓고 빠른 속도로 이동하고 있는 태양을 추적하면서 동시에 태양의 주위를 일정한 주기로 공전하는 모습을 상상해 보십시오. 게다가 지구는 달이라는 위성과 함께 이 거대한 운동을 하고 있습니다. 또 규칙적인 속도로 자전 운동도 합니다. 태양과 태양계 내 많은 행성은 쉼 없이 그리고 일정하면서도 빠른 속도로 우리은하를 여행하는 거대한 롤러코스터들입니다.

우리은하만 생각해도 태양과 같은 항성이 수천억 개 존재하며, 우주에는 이러한 은하의 개수가 수조 단위에 이른다고 하니, 가히 우리가 보는 밤하늘은 지구와 함께 수없이 많은 롤러코스터가 쉬지 않고 달리고 있는 곳입니다. 그런데 놀랍게도 우리는 이렇게 역동적인 시스템으로부터 미동도 느끼지 못하고 있습니다. 이 롤러코스터 중 하나인 지구에 올라타고 있지만, 놀이공원에서 경험하는 소란함이나 짜릿한 공포감을 전혀 느끼지 못합니다. 우리가 보고 느끼는 우주는 매우 고요하면서 안정적입니다. 거대한 고체 덩어리들이 하늘에 떠 있으며 매우 정교하고 규칙적인 질서와 고요함 속에서 역동적으로 움직이고 있습니다. 우리가 경험하는 운동성의 체감은 속도(방향)의 변화인 가속도로부터 비롯됩니다. 하지만 지구의 원운동으로 인한 매우 작은 가속도와 각속도, 우주의 진공상태 덕으로 우리는 무진동과 무소음의 안정을 느끼게 됩니다. 중력의 법칙이 지금과 조금만 달라도 이 우주에서 인류 전체의 생존 가능성은 '0'입니다. 사람들이 전혀 못 느끼는 고요함에도 불구하고 분명한 사실은 우리 모든 인류는 이 우주의 한 부분인 우리은하와, 그 속에 있는 태양계 안의 한 행성인 지구에 존재한다는 실존적 사실입니다. 느낌과 상관 없이 우리는 지구라는 역동적인 별에 올라타 있으며 지구 밖 모든 우주의 구성체들과 여러 가지 천문학적 법칙으로 연계되어 있습니다.

    태양 주위를 돌고 있는 지구의 공전 궤도는 마치 생명을 유지하는 데에 필수적인 조건을 만족하는 범위를 철저하게 준수하는 것처럼 보입니다. 지구의 공전 궤도가 태양 쪽으로 5%만 이동한다면 지금의 지구가 갖고 있는 그린하우스 효과는 소멸됩니다. 지구의 표면온도는 섭씨 약 480도 정도로서 액상의 물은 전혀 존재할 수 없습니다. 반대로 태양의 반대방향으로 20%만 이동한다면 지구의 표면은 모두 이산화탄소로 가득 차게 되고 모든 물은 얼어붙을 것입니다. 그러나 지구는 신기하게도 생명을 유지할 수 있는 현재의 주거 가능 공전궤도(Circumstellar Habitable Zone)를 유지하며 성실하게 태양 주위를 돌고 있습니다.

    우리 눈에는 보이지 않지만, 사실 우주에는 지구의 존재를 위협하는 매우 강력한 광선과 에너지들이 존재합니다. 우주선(Cosmic Ray)은 초신성(Supernova)과 같은 에너지가 매우 큰 별들의 폭발 등으로 발생하는 강력한 에너지 광선입니다. 그런데 이러한 고에너지의 우주선이 지구에 직접적으로 도달하면 인류의 생존을 크게 위협할 수 있습니다. 이처럼 위험한 우주선으로부터 태양계와 지구를 보호하는 방어시스템이 존재합니다. 바로 태양에서 방출되는 태양풍(Solar Wind)입니다. 태양풍이 존재하는 태양계 공간에서는 이러한 우주선이 차단되며, 따라서 태양계와 태양계 바깥 공간을 구분하는 경계에서는 이러한 우주선과 태양풍 간의 충돌로 인한 고열의 경계막이 존재하는 것으로 알려집니다. 지구의 모든 생명체가 의존하는 태양은 사실 끊임없이 태양풍을 만들어 냅니다. 이 태양풍은 태양의 상부 대기층에서 방출되는 것으로 알려졌고, 높은 열에너지를 품고 있기 때문에 태양의 중력을 이겨 내며 매우 빠른 속도로 이동할 수 있습니다.

    태양풍은 위험한 우주선으로부터 태양계를 보호하는 순기능과 함께 그 높은 에너지 때문에 지구에게 오히려 치명적인 충격을 줄 수 있는 역기능도 내재하고 있습니다. 태양풍을 지구가 그대로 받게 되면 지구 생명체를 지키는 대기는 지구에서 밀려 나가게 될 것입니다. 실제로 2016년 영국 옥스퍼드대학교 인류미래연구소(FHI: Future of Humanity Institute)의 앤더스 샌드버그(Anderson Sandberg) 박사팀이 발표한 인류 종말의 날 시나리오에서는 이 태양풍이 인류 생존의 가장 큰 위험 요소로서 소개됩니다. 그런데 놀랍게도 이 위협적인 태양풍을 방어하는 시스템이 바로 지구에 존재합니다. 지구 내부의 용해철(Moten Iron)의 움직임으로부터 생성되는 지구의 자기장입니다. 우리가 일상에서 사용하는 나침판도 이러한 자기장에서 형성되는 N극과 S극의 존재를 응용하는 것입니다. 주로 극지방에서 많이 발견되는 오로라는 지구의 자기장이 태양풍을 막아 낸 후에 튕겨 나간 태양풍과 공기와의 충돌로 생기는 일종의 광전(Photo-electric) 현상입니다. 인류의 멸망을 초래할 수 있는 태양풍의 위협에도 불구하고 지구를 방어하고 있는 자기장은 태양풍을 막으면서도 어떠한 위험의 흔적이나 경고 대신 아름다운 오로라의 빛으로 인류를 안심시키고 있는 것입니다.

지구 직경의 1% 미만의 얇은 층인 지구의 대기층도 지구의 생존을 위한 필수적인 방어 체계입니다. 지구 대기층의 두께는 지구 크기와 그 중요성에 비하여 매우 얇은 편입니다. 영화배우 샤트너(William Shatner)는 2024년 짧은 우주여행을 마치고 자신이 목격했던 지구의 파란 대기층에 대해서 '생명을 지켜주는 이 공기는 피부보다 얇다'라고 표현합니다. 그런데 이 얇은 대기층은 산소와 질소 그리고 이산화탄소 등을 비롯한 여러 기체가 지구에서의 물의 온도나 생명체를 유지하기 위한 완벽한 비율로 구성되어 있습니다. 적절한 온실효과를 야기하고 우주로부터 날아오는 유성과 같은 물질들의 충돌을 방지합니다. 이 얇은 대기층은 우주로부터 밀려 들어오는 많은 유해광선을 차단하여 지구를 보호합니다. 전자기 스펙트럼에서 가장 높은 에너지 영역을 차지하며 암을 유발하는 감마선은 끊임없이 우주로부터 밀려오지만 대부분 대기중 물질과의 상호작용으로 흡수되어 소멸합니다.

우주에서 발생하는 우주 X선은 우리가 의학용으로 사용하는 X선에 비하여 훨씬 큰 에너지를 가집니다. 세포 손상을 일으킬 수 있으며, 골수 세포와 같이 세포 분열이 활발한 부위에 영향을 주어 생식 능력을 저하시키고 암을 유발할 수 있습니다. 신경 세포와 DNA를 손상시킬 수 있습니다. 그런데 이러한 우주 X선은 대기층에 있는 산소나 질소 분자에 의해 대부분 지구 표면에 도달하기 전에 흡수됩니다.

또 다른 유해 전자파인 자외선도 역시 유해 우주선의 하나입니다. 오래전 식구들과 뉴질랜드 여행을 다녀온 적이 있습니다. 그때 뉴질랜드 국민의 사망 원인 1위가 피부암이라는 말을 들었습니다. 아직도 뉴질랜드는 2020년도 기준 피부암의 일종인 흑색종으로 인한 사망률이 세계에서 가장 높은 나라로 보고되고 있습니다. 공기 좋은 청정지역 뉴질랜드에서 이와 같은 일들이 일어나는 이유는 바로 대기 오염으로 인한 오존층 파괴 때문이라고 알려지고 있습니다. 원래 대기층의 성층권에 있는 오존층은 유해광선인 자외선을 차단하는 역할을 하는데 프레온 가스(CFCs)와 같은 화학 오염 물질이 이 성층권의 오존층을 파괴하여 자외선으로부터 지구를 보호하는 역할을 약화시킨 것입니다. 지구의 대기층은 인간의 생존을 위하여 피하여야 할 유해 광산을 대부분 차단하고 있습니다. 그런데 이와 함께 놀라운 사실은 이 대기층이 해로운 유해광선은 대부분 차단하면서도 인류와 생물에게 반드시 있어야 할 가시광선은 대부분 통과시켜 지구 표면에 도달하게 한다는 것입니다.

　우리가 평화롭게 잠들어 있는 사이에도 밤하늘에는 우리가 올라타고 있는 지구를 포함해서 수많은 땅 덩어리 롤러코스터들이 한 치의 오차 없이 그 노선을 따라 운행하고 있습니다. 이 중 지구라는 롤러코스터도 예외 없이 산소도 없고 수많은 위험이 도사리는 광활한 이 우주의 공간을 운행 중입니다. 그러나 지구는 다른 롤러코스터와 다르게 끝없이 공급되는 산소와 시원한 물과 풍성한 음식과 완벽한 보호시설을 제공받고 있습니다. 다시 뉴턴과 친구의 대화로 돌아가 봅시다. 과연 이 모든 것이 '저절로 만들어졌다'고 말할 수 있을까요? 천체물리학이 발전을 거듭하면서 과학은 더 많은 우주의 질서와 지구의 특별함을 더욱 선명하게 보여 줍니다. 황량한 우주의 환경 속에서 달리고 있는 지구 롤러코스터가 다른 별들이 전혀 누리고 있지 못하는 여러 특혜를 누리고 있다면 그것은 지구가 우연히 탄생한 별이 아니라 특별한 별임을 가리킵니다.

　거대한 우주의 역동성에도 불구하고 우주가 이렇게 조용한 이유는 우리를 보호하고 아끼시는 하나님의 손길이 있기 때문입니다. 지구라는 롤러코스터에 탄 우리가 혹여 놀라거나 두려워할까 봐 우리 귀를 막아 주시고 강한 팔로 우리를 붙잡고 계신 하나님의 사랑 때문입니다. 그런데 평화와 고요함이 하나님의 넓은 사랑과 손길로부터 오는 기적인 것을 잊어버리고 오히려 인간들은 그 고요함을 매우 평범한 일상의 흐름으로 바꿔 버렸습니다. 그 일상의 흐름 속에서 살아 계신 하나님의 본질을 떠올리고 기억하는 사람들은 많지 않습니다. 창조주를 떠올리는 데에는 복잡하거나 전문적인 고차원의 지식이 필요 없습니다. 우리가 창조주를 잊어버리는 이유는 어려운 지식의 벽 때문이 아니라 현대의 바쁜 일상으로 별을 보고 창조주를 생각하는 여유를 포기했기 때문입니다.

죄를 짓기 전 아담은 설레는 마음으로 하나님이 만드신 동물들의 이름을 하나씩 부르며 창조의 신비와 창조주의 능력을 경험했습니다. 수많은 동물의 이름과 특성을 연결했던 아담의 놀라운 지성은 결코 하나님의 창조 솜씨를 마음속에 찬양하는 그의 영성과 부딪히지 않았습니다. 동물들 이름 짓기를 마치며 창조주 하나님에 매료되었을 아담은 아마도 호기심 많은 어린 아이의 눈으로 아버지 하나님에게 수많은 질문을 던졌을 것입니다. 낮에 비추는 해와 밤하늘에 비치는 아름다운 달과 별이 무엇인지 물었을 것입니다. 어린 아들과 아빠의 관계는 아들의 수많은 질문과 아빠의 친절하고 자신 있는 대답으로 깊어지는 법입니다. 그것은 신뢰와 사랑으로 빚어지는 관계의 확인이며 확장입니다. 현대에서 그리스도인이 회복할 한 가지는 아담이 누렸을 하나님과 그의 창조 세계에 대한 진지한 호기심입니다.

지구의 환경과 광활한 우주의 역동성을 보는 인간의 반응은 두려움입니다. 아무도 없는, 칠흑 같은 어둠 속에서 갑자기 나타난 거인을 마주한 겁쟁이 소년은 무슨 생각을 하게 될까요? 프랑스의 철학자이자 과학자요, 《팡세》의 저자인 파스칼(Blaise Pascal)은 이렇게 말합니다.

"인간은 무한한 우주에 비하면 겨우 하나의 점과 같다. 인간은 갈대처럼 약한 존재이다. 이 무한한 우주의 영원한 침묵이 나를 두렵게 한다."

솔직한 과학자들이라면 인간이 생존하고 있는 것이 매우 부자연스럽고 기적적인 일이라는 것을 느끼게 됩니다. 마치 인간을 위해서 누군가가 무질서한 원래 우주의 환경을 억지로 흔들어 세우고 많은 인위적 질서와 인간에게 필요한 환경을 만들기 위해 애를 쓰고 있는 것을 느낍니다. 창조주를 믿는 사람에게는 두려움 다음으로 경외감이 따라옵니다. 그리고 광활한 우주의 크기만큼 넓은 창조주 하나님의 사랑을 느낍니다.

무신론자 과학자인 칼 세이건은 이렇게 말합니다. "나는 믿기를 원하지 않는다. 다만 알기를 원한다." 그런데 창조주 하나님을 만난 파스칼은 이렇게 말합니다. "신을 느끼는 것은 심정이지 이성이 아니며 예수 그리스도에 의해 우리는 신을 안다." 지구를 '외로운 한 점'으로 묘사한 칼 세이건은 외로운 지구만큼이나 그 마음이 공허했을 것입니다. 그러나 창조주를 만난 파스칼은 그의 말년에 이런 고백을 남깁니다. "나는 나의 구원자에게 두 손을 내민다. 그는 나 때문에 고통을 당했으며 또 죽기 위해 지상에 오셨다. 그래서 나는 그와 영원히 함께 할 수 있다는 희망을 가지면서 그의 은혜로 편안한 죽음을 기다린다."

그리스도인은 우주를 보면서 엄습하는 실존적 두려움을 창조주 하나님을 믿음으로써 선물로 받게 된 구원을 통하여 영원한 안도감으로 바꾸는 사람입니다. 무신론자 칼 세이건이 이 특별한 지구를 우연의 산물로 태어난 외로운 한 점에 불과하다고 보는 것과 달리 그리스도인은 과학이 증명하고 있는 우주의 복잡한 질서와 지구의 독특함을 목도하며 창조주의 존재를 믿는 자들입니다. 무엇보다 그리스도인이란 온 우주의 창조주로서의 권세를 다 버리고 이 작은 별에 찾아와 목숨을 내 던지신 그리스도의 큰 사랑을 아는 자들입니다.

살아 있는 생명체가 의미하는 것

사람의 감각능력은 그렇게 뛰어나지 않습니다. 주변에 있는 나무 몇 그루를 볼 때도 머릿속에 형상화가 될 수 있는 나무 개수는 많지 않습니다. 나무가 만 그루가 있다고 할 때 막연하게 많다고 생각하지만 머릿속에서 그 나무 만 그루가 한꺼번에 서 있는 모습과 그 많은 나무가 차지하는 공간은 머릿속에서 형상으로 잡히지 않습니다. 그러므로 인식과 감각이 어렵다고 해서 그 대상의 존재가 없다고 말할 수는 없는 것입니다.

사실 우리는 인식이 가능한 것보다는 불가능한 것이 훨씬 많은 환경에 제한되어 살고 있습니다. 우리가 들을 수 있는 가청 주

파수는 전체 범위에 비하면 거의 '0'에 가까운 20에서 2만HZ에 불과합니다. 인간이 눈으로 인식할 수 있는 가시광선 역시 전체 빛의 파장 범위에서 보라색 계열인 400nm부터 빨간색 계열인 700nm 파장대까지로 매우 제한적입니다. 단파장인 감마선부터 장파장인 라디오파의 파장대역 중에서 이 가시광선이 차지하는 범위는 $1/10^{24}$로, 역시 '0'에 가깝습니다. 들리는 것보다 들리지 않는 소리가 훨씬 많으며, 볼 수 있는 빛보다는 볼 수 없는 빛이 훨씬 많은 신체적 환경에서 인간은 살아갑니다.

    이런 상황에서 인간이 들을 수 있고 볼 수 있다는 것 자체가 오히려 기적 같은 일입니다. 우리의 초라한 감각 인식은 존재의 유무를 결정할 수 있는 요소가 절대 아닙니다. 만약에 이 세상의 창조주인 신이 존재한다면 그 창조주의 존재는 인간의 인식 여부나 판단으로 결정되는 것이 아닙니다. 시간과 공간적으로 제한된 인간이 보이지 않는 신이라는 존재에 대하여 알 수 있는 방법은 신이 직접 사람이 볼 수 있는 존재로 변화하거나 아니면 신이라는 존재만이 만들 수 있는 그의 '작품'을 인간이 볼 수 있는 형태로 만들고 인간에게 보여 주는 두 가지 방법 외에는 없습니다. 전자의 방법이 기독교의 성육신 사건이며 후자의 방법이 자연 만물에 깃들여 놓으신 창조의 흔적들입니다. 인간의 극히 제한된 감각적 인식은 역설적으로 매우 특별하며 의도적으로 부여된 능력일 수 있습니다.

    최근 공학기술의 한 분야로서 자연모방공학, 혹은 생체모방

기술(Biomimicry) 분야가 급속히 발전하고 있습니다. 자연 모방공학이란 '자연에서 영감을 받아 생물의 구조나 특성을 모방하여 인간의 문제를 해결하는 도구로 활용하는 기술'로 정의되고 있습니다. 예를 들면 고래의 지느러미 결절 구조를 모방한 축류팬(Axial Fan)은 기존 팬에 비하여 바람의 저항을 줄이는 효과가 있어서 에너지 효율을 높입니다. 벌과 나비의 눈은 가시광선의 영역만 감지하는 사람과 달리 자외선을 섬세하게 감지할 수 있습니다. 벌은 인간과 달리 꽃에 숨겨진 꿀을 찾기 위하여 자외선 시각으로 꽃을 봅니다. 사람이 가시광선으로 꽃을 보면 꽃잎과 꿀의 차이가 보이지 않지만 자외선으로 보면 이 둘의 차이가 확연하게 드러납니다. 이렇게 나비와 벌이 가지고 있는 특별한 구조의 눈을 모방하여 자외선 영역을 볼 수 있는 특수한 이미징 센서가 개발되었습니다. 이 센서에는 광다이오드(Photo-diode)라는 반도체 소자가 장착됩니다.

 많은 사람이 '스스로 생겼다'고 여기는 자연의 수많은 생물의 몸에는 스스로 만들어지기 매우 어려운 최첨단 반도체가 이미 작동하고 있으며 사람들은 그 기술과 원리를 모방하고 있습니다. 지적인 행위를 통하여 어떤 대상을 모방한다는 것은 그 대상이 모방하려는 주체보다 상위의 구조와 원리를 내재하고 있음을 말합니다. 그렇다면 그 상위의 구조와 원리는 또 다른 훨씬 상위의 주체로부터 받았다고 생각하는 것이 타당한 논리입니다.

 우리를 둘러싸고 있는 주변을 살펴보면 마치 만물의 주인이 사람인 듯 착각하게 만드는 인공적 환경으로 가득 차 있습니다. 이러한 환경은 인공지능(AI: Artificial Intelligence) 시대에 들어가면서 더욱 그렇게 될 것입니다. AI가 세상의 많은 것을 바꾸는 시대가 되었습니다. '미래는 AI의 시대'라는 말이 무색할 정도로 이미 우리는 AI 시대를 살아갑니다. 이를 가능하게 만드는 핵심 기술 중 하나는 방대한 자료의 처리능력 기술입니다. 전통적인 CMOS(Complementary Metal-Oxide-Semiconductor)기반인 CPU나 GPU로서는 막대한 자료를 처리하는 데에 한계가 있습니다. 이런 전통적 계산 시스템은 데이터 처리장치와 데이터 저장장치가 분리된 형태로서 데이터 처리에 많은 시간과 에너지를 소모하게 됩니다. 이런 이유로 생성형 AI 모델인 챗지피티(ChatGPT)를 운영하는 데이터 센터에는 막대한 전기 에너지가 필요합니다.

이에 반해 인간의 뇌는 약 860억 개의 뉴런(Neurons)과 이들 뉴런을 연결하는 약 100조 개의 시냅스(Synapse)의 강약 조절로 데이터를 처리합니다. 이런 연산 기구(Mechanism)는 데이터 처리장치와 저장장치가 일체화되어 어떤 슈퍼컴퓨터보다도 월등한 능력을 보이면서도 훨씬 더 적은 에너지를 소모합니다. 사람이 머리를 아무리 많이 쓴다 해도 부하가 걸린 컴퓨터처럼 높은 열이 발생하지는 않습니다. 이러한 이유로 많은 연구자가 사람의 뇌를 모방하여 효율적인 신경형(Neuromorphic) 컴퓨팅소자들을 개발하려고 하지만 아직 이들의 성능은 인간의 뇌가 보이는 효율과 성능을 따라잡을 수가 없습니다. 이러한 신경형 반도체 소자(예:

메모리저항소자 혹은 상변화소자)들을 제작하는 기술과 성능은 아직 초보적 단계에 불과합니다.

　사람의 뇌가 작동하는 효율적인 연산 과정과 이를 위한 신경형 구조의 복잡성을 아이러니하게도 사람의 기술은 따라가지 못합니다. 만일 사람과 인간의 뇌가 오랜 세월에 거쳐 스스로 지식을 더하고 기술을 축적하면서 지금의 능력을 가질 수 있었다고 가정한다면 뇌를 가진 주체인 사람은 지금 뇌가 수행할 수 있는 기술을 별 어려움 없이 재생산하거나 개발할 수 있어야 합니다. 만일 연산 능력이 떨어지는 인간은 도태되고 훌륭한 연산 능력을 가진 사람들만 선택적으로 살아남았다고 가정한다고 해도 마찬가지입니다. 특별한 기능과 구조가 사람들의 몸 안에 있는데도 그것들을 재현할 수 없다면, 그것은 인간 스스로 혹은 오랜 세월 동안 저절로 만들어진 것이 아니라 인간보다 훨씬 초월적인 존재에 의하여 부여되었다고 생각하는 것이 더 합리적인 결론입니다. 그리스도인은 만물이 보여 주는 증거와 믿음으로써 창조주 하나님이 그의 형상을 따라 사람을 만드신 것을 인정하고 사는 사람들입니다.

　지금까지 살펴본 우리 주변의 다양한 세계들, 즉 미세한 세계, 우주와 같이 거대한 물질 세계, 그리고 살아 있는 생명체의 세계가 공통적으로 가리키는 사실은 다름 아닌 극한적 질서의 존재입니다. 이 질서는 스스로 존재하는 것이 아니라 절대적 존재에 의하여 주어진 것으로 해석하고 결론 내리기에 충분할 정도로 희귀하며 거대하며 완벽합니다. 세속적 인본주의자들의 주장과 달리 지성과 과학은 신의 존재를 강력하게 지지합니다. 그리스도인은 성경으로 보여 주는 그 전능한 창조주로서의 신의 존재를 믿는 사람들입니다. 지성은 기독교의 가치관에 모순되지 않습니다. 그리스도인은 세상이 주장하는 무신론에 두려워할 이유가 없습니다.

생각해 봅시다

1] 창조주 하나님의 존재를 확신한 경험이 있나요? 그 경험 전후에 자연을 바라보는 시각의 변화가 있었는 지 생각해 봅시다. 반대로 자연을 바라보면서 창조주의 존재를 인정하거나 영적 감동을 경험한 적이 있나요? 경험으로 비추어볼 때에 과학과 신앙이 서로 대치한다고 생각합니까, 아니면 상호 조화를 이룬다고 생각합니까?

2] 만일 성경에서 이야기하는 하나님이 창조주가 아니라면 과연 기독교 신앙이란 지금과 어떻게 달라질까요? 그리스도인의 신앙에 있어서 창조 신앙의 의미가 무엇인지 생각해 봅시다.

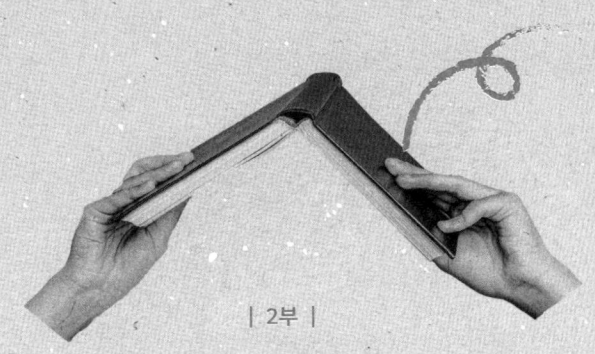

| 2부 |

삶의 자리에서
주권 되찾기

6장
무책임을 벗고 영광을 돌려라_영역주권

하나님의 주권과 인간의 책임

2021년 겨울로 기억합니다. 미국의 한 대학 병원에서 전공의 과정에 있던 아들이 방문한 나와 아내에게 이렇게 말했습니다.

"병원 동료 의사들의 대화를 듣고 있으면 그들의 생각과 똑같이 동화되든지, 아니면 그들 눈에 멍청한 바보가 되든지, 혹은 그들과 완전히 분리되어야 할 것 같아요."

아들의 이 한마디에 나는 많은 생각을 하게 되었습니다. 아들은 이제 더 이상 온실에서 키우는 화초가 아니라 사회인이라는 생각을 한 것입니다. 신앙인으로서 사회에 들어갔을 때 어떤 생각으로 어떻게 살아야 하는지에 대해서는 아들 입장에서 깊이 생각하지 못했습니다. '하나님을 잘 믿으면 걱정할 것이 없다'라고는 자주 말했지만, 내가 살아온 사회와 매우 다른 이 시대에 대한 깊은 통찰과 고민 없이 반복된 이 말에 아들은 많이 답답했을 것입니다.

물론 나는 여전히 '하나님을 잘 믿으면 걱정할 것이 없다'라는 신념에 확고합니다. 이 말은 지금까지 살아온 내 인생에 대한 명확한 결론이며 삶의 종착역에도 그렇게 되기를 바라고 있습니다. 그렇지만 잘 생각해 보면 이 말은 아직 세상의 경험이 많이 없는 사람들에게는 마음으로 와 닿기 어려운 말일 수 있습니다. 나는 이제 막 사회인이 된 아들과 달리 내가 애썼던 모든 일이나 내 의지와 관계없이 일어난 일들을 오랜 기간 몸으로 체험했습니다. 내 힘으로는 감당할 수 없었던 일과 믿기 힘든 사건들에 대하여 기적처럼 하나님이 전적으로 개입하신 일들도 경험하였습니다. 나에게 '하나님을 잘 믿으면 걱정할 것이 없다'라는 말은 삶의 경험이 있었기에 도달할 수 있는 결과적인 고백입니다. 하나님의 주권과 은혜를 생각하면 마음에 평화와 안정이 찾아옵니다.

그런데 이 말은 생활 속에서 스스로 목표를 세우고 열심히 행동으로 옮기는 사람이나 구체적인 문제에 봉착했을 때에 이를 능동적으로 해결해 보려는 사람에게 적절하지 않습니다. 하나님의 전적인 은혜와 주권을 말하고 있지만 사람의 책임에 대한 필요를 전해 주거나 강조하지는 않기 때문입니다. 그런데 그리스도인의 삶에는 하나님의 주권과 함께 사람의 책임이 분명히 강조되어야 합니다. 마태복음에 나와 있는 달란트 비유는 하나님의 주권으로 주어진 달란트와 인간의 노력으로 이루어야 할 책임의 관계를 명확하게 보여 주고 있습니다.

또 어떤 사람이 타국에 갈 때 그 종들을 불러 자기 소유를 맡김과 같으니 각각 그 재능대로 한 사람에게는 금 다섯 달란트를, 한 사람에게는 두 달란트를, 한 사람에게는 한 달란트를 주고 떠났더니 다섯 달란트 받은 자는 바로 가서 그것으로 장사하여 또 다섯 달란트를 남기고 달란트 받은 자도 그같이 하여 또 두 달란트를 남겼으되 달란트 받은 자는 가서 땅을 파고 그 주인의 돈을 감추어 두었더니
마 25:14-18

다섯 달란트와 두 달란트 받은 종들은 책임을 다해 수익을 남기지만, 한 달란트 받은 종은 받은 것을 땅에 묻어 두었다가 그대로 주인에게 되돌려 줍니다. 이를 대한 주인은 그에게 화를 내며 이렇게 말합니다.

그 주인이 대답하여 이르되 악하고 게으른 종아 나는 심지 않은 데서 거두고 헤치지 않은 데서 모으는 줄로 네가 알았느냐 마 25: 26

하나님의 전적인 주권과 은혜만 강조하면 세상에서 마땅히 져야 할 책임감이 희석되어 게으르기 쉽습니다. 그런데 하나님은 이런 게으름에 이르는 무책임을 악하다고 하십니다.

반대로 하나님의 주권이 묻혀 버리고 사람의 책임이 지나치게 강조되면 사람은 교만하게 되어 있습니다. 사울이 왕으로서 이스라엘을 다스린 지 2년 되던 해에 블레셋 군사들과 대치점에 서게 되었는데, 그때 스스로 제사를 드린 사건이 바로 그런 예입니다. 이 사건으로 사무엘은 사울의 왕위가 오래가지 못할 것을

예언합니다(삼상 13:1-14).

구약 성경에서는 하나님의 주권과 인간의 책임이 함께 조화되는 내용도 쉽게 찾아볼 수 있습니다. 선지자 느헤미야가 유다 사람들과 함께 무너진 예루살렘 성을 재건한다는 소식을 듣고 산발랏이란 사람이 분노하여 예루살렘으로 가서 싸우고 소요를 일으키려고 합니다. 이를 들은 느헤미야가 취한 행동이 하나님의 주권과 인간의 책임 두 가지를 모두 챙긴 지혜를 가르칩니다.

> 우리가 우리 하나님께 기도하며 그들로 말미암아 파수꾼을 두어 주야로 방비하는데 느 4:9

느헤미야는 하나님께 기도하지만 동시에 파수꾼을 두고 방비하게 함으로써 사람의 책임을 다하고 있습니다. 이처럼 그리스도인은 세상의 여러 영역에 대하여 자세히 살피며 그 책임을 다해야 합니다. 물론 마음의 뿌리에 하나님의 은혜와 주권에 대한 믿음이 대전제로 자리 잡아야 하는 것은 두말할 나위가 없습니다. 이 전제를 품은 그리스도인이 세상에서 살아 나가며 책임질 영역과 삶의 관점에 대한 내용이 바로 2부에서 다루고자 하는 주제입니다. 그 첫 번째 내용은 네덜란드의 아브라함 카이퍼(Abraham Kuyper)의 영역주권 사상입니다.

영역주권의 탄생 배경

19세기 말은 로마 시대 이후 약 천 년 동안 모든 영역을 지배해오던 기독교가 계몽주의에 이은 합리주의, 자연주의, 유물론, 인본주의 등의 사조로 크게 도전 받는 시대였습니다. 1789년부터 프랑스 혁명이 시작되면서 사람들은 하나님 없는 자유와 평등을 외쳤고, 그 때문에 수많은 그리스도인이 단두대의 이슬로 사라졌습니다. 유럽의 지성과 노동자들이 한목소리로 여기에 열광하고 동조하였습니다. 1859년 다윈에 의하여 발표된 생물학적 진화론은 보이지 않는 신의 존재로부터 인간이 벗어날 수 있는 합리적인 돌파구를 제공하였으며 무신론적 과학주의의 뿌리가 됩니다.

당시 네덜란드도 다른 유럽국가들과 마찬가지로 사상적 격동기를 맞고 있었습니다. 특별히 기독교 자체는 자유주의 신학으로 물들어 가고 있었으며 많은 신학교가 이를 가르쳤습니다. 기독교 인문주의 사상이나 여러 이단적 사상이 교회를 범람하고 있었습니다. 당시 교회는 도시 단위의 조직을 갖는 국가교회의 구조 하에 운영되었으며 기독교는 깊은 영적 쇠락 상태를 보여주고 있었습니다. 어떤 교회들은 지성과 사회 참여를 강조하던 자유주의 신학에 반발하여 세상과 사회를 등지고 교회 안에만 머무르는 고립주의의 형태를 띠기 시작했습니다. 중세 기독교가 모든 사회를 지배해오던 소위 크리스텐덤의 시대가 저물어 가고 다소 암울한 포스트 크리스텐덤 시대가 본격화되었습니다.

이와 같은 상황에서 1880년 10월 20일, 네덜란드의 암스테르담자유대학교(Vrije Universiteit Amsterdam) 개교식 연설에서 설립자인 아브라함 카이퍼는 영역주권을 선포하였습니다.

> "우리 인간의 삶의 모든 영역에서 만유의 주재이신 그리스도께서 '나의 것이다'라고 외치지 않은 영역은 한 치도 없습니다(There is not a square inch in the whole domain of our human existence over which Christ, who is Sovereign over all, does not cry: 'Mine!')."

이러한 사상은 사실 아브라함 카이퍼에 의해서 갑자기 튀어나온 것이 아니라 1517년 마틴 루터에 의해서 시작된 종교개혁 정신과 신학에 뿌리를 두고 있습니다. 종교개혁 정신은 '오직 그리스도', '오직 성경', '오직 은혜', '오직 믿음', '오직 하나님께 영광' 등으로 요약됩니다. 종교개혁의 이러한 정신은 장 칼뱅의 《기독교 강요》라는 책으로 집대성되었으며, 이것이 개혁주의 신학(Reformed Theology)의 모체가 되었습니다.

개혁주의 신학의 중요한 내용으로는, 첫째, 모든 피조물에 대한 하나님의 절대적 통치 즉 하나님의 절대 주권 사상, 둘째, 모든 사건은 절대 주권자인 하나님으로부터 예정되었다는 구원 예정론, 셋째, 모든 직업은 하나님으로부터 부여받았기 때문에 사람은 직업의 귀천 없이 그 일을 통하여 하나님께 영광을 돌려야 한다는 직업 소명설 등이 있습니다. 그러므로 아브라함 카이퍼가 외친 영역주권은 장 칼뱅의 하나님 절대주권 신학을 재선포한 것이며 더 나아가 하나님의 절대주권을 인간의 모든 삶의 영역으로 적용할 것을 강조합니다. 다시 말해서 그리스도인은 정치, 경제, 사회, 문화, 종교, 예술, 교육, 과학 등 인간 삶의 모든 영역에서 만유의 주권자이신 그리스도의 통치가 구체적으로 실현되어 하나님이 영광을 받으시도록 해야 한다는 집약적 선포인 것입니다.

아브라함 카이퍼는 당시 국가교회의 구조 하에 운영되던 교회의 독립을 주장하였으며 그 해결책이 바로 개혁주의적 세계관임을 확신하였습니다. 특별히 이때에 기독교 역사가였으며 정치지도자인 흐룬 반 프린스터리(Guillaume Groen Van Prinsterer)의 영향을 많이 받았다고 알려져 있습니다. 두 사람은 당시 교회뿐 아니라 학교 등 사회 조직을 장악하며 공립학교 제도만을 고집하던 네덜란드의 교육제도에 반기를 들었습니다. 아브라함 카이퍼의 영역주권 선포의 배경은 기독교의 사회에 대한 패권주의나 승리주의의 분위기에서 비롯된 것이 아닙니다. 오히려 교회가 정부의 지배권에서 벗어나 교회 본연의 목적에 맞게 하나님이 부여하신 교회만의 주권을 인정받기 위한 매우 방어적 스탠스가 있었던 것입니다.

물론 아브라함 카이퍼는 세속화되는 당시 기독교 사회에서 '영역주권'이라는 세계관을 실천하였던 '행동가'였습니다. 그는 헤르만 바빙크(Herman Bavinck), 벤저민 위필드(Benjamin Warfield)와 함께 세계 3대 칼뱅주의 신학자로 불리는 개혁주의 신학자였으며 목사였습니다. 인본주의적 프랑스 혁명 정신을 반대하는 반혁명당을 창당하여 네덜란드의 수상을 역임한 정치가이자 언론인이었습니다. 1880년 10월 순수하고 독립된 기독교 교육을 구현하기 위하여 암스테르담자유대학교를 설립하고 가르친 열정의 교육자이기도 했습니다.

영역주권이란 무엇인가

영역주권이란 원(circle)이 고유한 중심을 가지듯이 세상의 모든 영역은 개별적으로 각자의 개별적 주권을 가지되, 그 모든 영역의 주권자는 그리스도이므로 그리스도인은 각자 속한 곳에서 청지기적 사명을 따라 살아야 한다는 사상입니다. 영역주권이란 단어의 원어인 네덜란드어를 영어로 직역하면 'Sovereignty in its own sphere'로 번역되며, 각자의 중심을 가진 구로서의 독립된 통치권을 말합니다. 영어 직역 시 'sphere(구)'로 사용된 원래 네덜란드 원어는 'kring'으로, 3차원적인 구보다 2차원적인 원(circle)이 정확한 표현이지만, 구와 원 모두 중심에는 각자 한 개의 중심이 존재하므로 의미상 큰 차이는 없습니다.

원의 고유한 크기는 하나인 중심으로부터 같은 반경(r)을 갖는 점의 집합으로 결정됩니다. 즉, 영역주권 또한 교회, 국가, 과학, 예술, 가정, 경제 등 모든 각 영역이 고유한 중심(통치권)이 있습니다. 이 중심에는 만유의 주인이신 그리스도가 있습니다(그림 5).

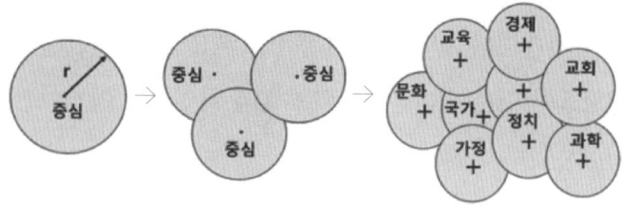

| 그림 5 | 원은 한 개의 중심이 있으므로 서로 다른 원은 각각의 고유한 중심을 가지고 있다. 영역주권이란 각 원이 개별적인 중심을 갖고 있는 것처럼 교회, 국가, 과학, 예술, 가정, 경제 등 모든 각 영역이 고유한 중심(**통치권**)을 갖고 이 중심에는 만유의 주인이신 그리스도가 있다는 사상이다.

당시 네덜란드가 국가교회라는 이름으로 정부의 권한을 교회에 미치려고 했을 때 아브라함 카이퍼는 영역주권의 이름으로 교회는 진리의 순결함을 지키는 고유의 영역이며 구원을 선포하는 고유의 역할이 있으므로 국가의 권리가 간여할 수 없음을 주장했습니다. 반대로 교회가 나머지 모든 영역들의 주권도 침해할 수 없음은 바로 이 모든 영역의 주권자가 하나님이며 그분이 모든 영역의 질서와 고유한 역할을 주셨기 때문입니다. 따라서 영역주권에 대한 올바른 인식은 그리스도인이 교회뿐만 아니라 세상의 모든 영역에서 하나님의 주권을 인정하고, 청지기적 사명으로 살아가도록 돕습니다. 영역주권의 근거는 로마서에서 쉽게 찾을 수 있습니다.

이는 만물이 주에게서 나오고 주로 말미암고 주에게로 돌아감이라 그에게 영광이 세세에 있을지어다 그러므로 형제들아, 내가 하나님의 모든 자비하심으로 너희를 권하노니 너희 몸을 하나님이 기뻐하시는 거룩한 산 제물로 드리라 이는 너희가 드릴 영적 예배니라 너희는 이 세대를 본받지 말고 오직 마음을 새롭게 함으로 변화를 받아 하나님의 선하시고 기뻐하시고 온전하신 뜻이 무엇인지 분별하도록 하라 롬 11:36-12:2

로마서 11장 36절에서는 모든 영역의 주인이 창조주 하나님이심을 선포합니다. 그런데 12장 첫 절의 '그러므로'라는 단어의 사용이 흥미롭습니다. 이 단어는 앞에 말한 내용이 뒤에 말하는 사실의 원인 혹은 조건이나 근거가 됨을 나타내는 접속부사로써, 사도 바울은 11장 36절에서 말하는 하나님의 모든 영역의 '주인 되심'을 12장 1절의 '산 제물'의 근거로서 이야기하고 있는 것입니다.

어떻게 산 제물의 근거가 하나님의 영역 주권일까요? 산 제물의 특징은 아픔에 있습니다. 죽은 제물은 고통을 느끼지 못합니다. 그리스도인이 세상의 모든 영역에서 산 제사가 된다는 것은 그 영역에서 세상적 흐름과 사조에 묻힌 채 그럭저럭 사는 것이 아니라 정체성의 이질감에서 오는 부자연스러움이나 고통을 감수하고 사는 것을 말합니다. 물고기는 깊은 바다 속에서 결코 불편함이나 고통을 느끼지 못합니다. 그러나 땅바닥 위에 올라

온 물고기는 극심한 고통과 죽음까지도 각오해야 합니다. 이것이 산 제사의 의미입니다. 모든 세상 영역의 주인은 원래 하나님이 되어야 합니다. 그러나 현실의 세상은 그렇지 않습니다. 인간의 죄로 인하여 대부분 많은 영역은 그리스도인이 산 제물로 다가가야 하는 매우 불편한 영역이 되어 버렸습니다.

그럼에도 성경은 "너희 몸을 하나님이 기뻐하시는 거룩한 산 제물로 드리라 이는 너희가 드릴 영적 예배니라"라고 우리를 권면하고 있습니다. 이는 우리가 세상의 영역을 회피하지 말고 그 가운데로 들어가서 산 제사로 살아가라는 권면입니다. 세상의 권세가 주인인 것처럼 행사하는 그 영역에 산 제사가 되는 아픔을 감수하고라도 들어가서 하나님이 주인 되시는 영역으로 바꾸라는 것입니다. 이것이 삶으로 드리는 예배입니다. 이를 성경은 영적 예배라고(롬 12:1) 부릅니다. 교회에서 드리는 예배와 더불어 삶의 현장에서의 제사도 '하나님이 받으시는 예배로 인정하시겠다'는 것입니다.

그러므로 로마서 12장 2절의 말씀은 이런 영역주권의 관점에서 해석해야 합니다. 온 영역을 둘러싸고 있는 세상 속 사상에 묻혀 물들지 말고 그리스도인의 정체성을 회복하라는 말씀입니다. 정체성을 회복하면 자연히 동반되는 결과는 세상과의 명확한 분별입니다. 자신이 머무르는 그 영역 안의 삶이 불편하게 느껴집니다. 그런데도 성경은 우리가 그곳에 산 제물로서 머무르며 그리스도가 왕이 되는 영역으로 바꾸어 가는 영적 예배의 삶을 권면하는 것입니다. 그러므로 위 로마서의 세 구절을 거꾸로 읽어 가면 그 흐름이 더 분명해집니다. 세 구절을 이렇게 정리할 수 있습니다.

> "네가 지금 익숙하게 여기는 이 세상의 가치관을 성경적 가치관으로 바꾸고 나면 네 마음이 불편해서 그 영역을 떠나고 싶고 매우 고통스러울 것이다. 그러나 떠나지 말고 그 자리를 지켜라. 왜냐하면 만물의 주인이신 하나님이 그곳의 주인이시기 때문이며, 너의 산 제사를 통하여 그곳이 하나님의 나라로 변하는 것을 영적 예배로서 받기를 기뻐하신다."

예수님이 우리에게 가르쳐 주신 주기도문은 이렇게 시작합니다.

> 그러므로 너희는 이렇게 기도하라 하늘에 계신 우리 아버지여 이름이 거룩히 여김을 받으시오며 나라가 임하시오며 뜻이 하늘에서 이루어진 것 같이 땅에서도 이루어지이다 마 6:9-10

하나님의 나라는 하나님의 통치권이 온전히 임하는 곳입니다. 예수님은 그 하나님의 나라가 그리스도인이 가는 모든 삶의 영역에 이루어지기를 원하십니다. 다른 가치관을 갖는 세상에서 성경적 가치관을 갖는 그리스도인이 그 영역에서 함께 사는 것은 결코 쉬운 일이 아닙니다. 오죽했으면 성경이 이것을 산 제물이라고 표현했겠습니까? 예수님도 이러한 사실을 분명히 알고 계셨습니다. 그러나 여전히 우리가 거룩을 지키며 세상에 거하여야 함을 말씀하셨습니다.

> 내가 아버지의 말씀을 그들에게 주었사오매 세상이 그들을 미워하였사오니 이는 내가 세상에 속하지 아니함 같이 그들도 세상에 속하지 아니함으로 인함이니이다 내가 비옵는 것은 그들을 세상에서 데려가시기를 위함이 아니요 다만 악에 빠지지 않게 보전하시기를 위함이니이다 요 17:14-15

교회의 중심은 그리스도이므로 교회는 거룩하며 반면에 교회 밖의 모든 영역은 거룩하지 않다고 생각하여 교회와 세상을 분리하려는 경향은 항상 있었습니다. 이러한 경향성은 '교회의 일은 하나님의 일'이며 '교회 밖의 직업은 사람의 일'로 생각하게 합니다. 성직자와 평신도의 관계를 수직계열화 시킵니다. 주일은 거룩하게 지내는 날이며 평일은 그렇지 않아도 된다는 이원론적 신앙 형태를 만듭니다. 그런데 사탄은 이러한 이원론적 오해를 이용해 왔습니다. 세상에 대한 그리스도인의 영향력을 최소화하여 점점 더 세상의 모든 영역에서 그들의 영향력을 확대해 온 것입니다. 교회가 세상에 대한 관심을 줄이면서 세상은 비성경적인 사상과 논리를 구축하여 왔고 그 세속적 세계관은 이제 문화와 교육과 제도의 이름으로 오히려 교회를 침범하게 된 것입니다. 물론 세상과의 분리는 때때로 시대와 환경에 따라 그리스도인의 거룩을 위해서 반드시 필요합니다. 소돔과 고모라 성의 멸망을 앞두고 그곳에 계속해서 머무를 수는 없습니다. 성령님께 시대와 환경을 읽는 지혜를 항상 구해야 합니다.

영역주권 사상이 소위 승리주의나 패권주의를 합리화하는 수단으로 유용되는 사례도 적지 않습니다. 승리주의란 그리스도의 십자가 사건에서 나타난 희생과 죽음보다는 십자가 사건 이후 부활하신 그리스도의 왕되심과 그분의 통치와 승리를 강조하는 극단적 사고 체계입니다. 이러한 승리주의적 사고에 의하면 사회의 모든 영역을 기독교가 다스려야 하며 교회는 이런 모든 영역을 다스리는 그분야의 최고 전문가 집단을 중요시할 수 밖에 없습니다. 승리주의는 현대 교회가 매우 경계하여야 할 깊은 함정입니다.

아브라함 카이퍼는 밀라노 칙령과 기독교의 국교화에 의하여 기독교의 소위 크리스텐덤 시대가 천여 년 지속되었던 유럽의 역사를 분명히 목도하였습니다. 그런데 과연 그는 그 천년을 하나님의 통치권이 온전히 지배했던 진정한 하나님의 왕국으로 회상했을까요? 그리고 그는 그 나라의 도래를 다시 꿈꾸었을까요? 만일 그랬다면 그는 영역주권을 통하여 이렇게 외쳐야 했습니다. "모든 영역은 교회가 지배하여야 합니다." 그러나 그의 영역주권은 이렇게 말합니다. "교회를 포함한 모든 영역은 각자 독립적으로 존재합니다."

　예수님이 세상에 계시는 동안 들어가신 영역은 어디였습니까? 혈통과 문화와 종교가 달랐으며 가정 문제가 심각했던 사마리아 여인(요 4:5-26)이 바로 그분이 들어가신 영역이었습니다. 예수님에게는 하나님 나라를 세우기만 한다면 그 영역의 배경이나 환경과 편견이 전혀 중요하지 않았습니다. 존중하셨고 친절하셨으나 단호하셨습니다. 예수 그리스도의 영역은 모든 사람의 증오와 원한의 대상이었던 세리장이요 부자인 삭개오와의 관계였습니다(눅 19:1-10). 그리스도의 짧은 생애에서 한결같이 취하셨던 영역주권의 대상은 구원을 필요로하는 사람의 공간이었습니다. 예수님은 최후의 순간까지 십자가라는 수치스러운 영역조차 영광스러운 하나님의 능력과 그의 나라의 영역으로 바꾸어 놓으셨습니다(고전 1:18).

　그렇다면 현대를 사는 그리스도인이 들어가야 할 영역은 과연 어디일까요? 특별히 문화, 사상, 기술이 급변하는 이 시대에 우리는 세상의 어떤 영역에서 하나님의 통치를 다시 세워야 할까요?

생각해 봅시다

1] 아브라함 카이퍼가 선포한 영역주권의 성경적 배경이 되는 로마서 11장 36절 말씀의 의미를 각자의 삶에서 생각해 봅시다. 아브라함 카이퍼 당시 유럽의 사회적 배경과 우리가 사는 현대 사회와의 시대적 상황을 비교할 때에 영역주권 사상은 여전히 필요한 사상이라고 생각합니까? 왜 그렇습니까?

2] 로마서 12장 1절에 나오는 거룩한 '산 제물'의 의미와 영역주권의 상관성은 무엇일까요? 나에게 있어서 산 제물의 의미는 무엇인지 나누어 봅시다.

7장
잃어버린 영역주권 되찾아오기 I_지성과 영성

영역주권의 범위

아브라함 카이퍼가 자유대학의 개교식 연설에서 선포한 영역주권 사상은 원래 국가와 교회, 그리고 학문 영역에서의 고유한 주권을 주장한 것입니다. 이는 당시에 국가가 교회의 고유 주권을 훼손할 수 있는 특별한 사회적 상황을 반영하였기 때문입니다. 그러나 이러한 영역주권 사상은 어떤 학문의 전문가들이나 국가의 제도와 같이 특정한 사회적 집단이나 범위에 제한되는 것이 아닙니다. 하나님은 보이는 것과 보이지 않는 모든 것의 창조주로서 정치, 경제, 사회, 문화, 예술, 과학 등의 전문 분야를 포함하여, 모든 분야의 뿌리가 되는 관계, 언어, 지성, 행복, 가치 등의 개념에도 주인이 되셔야 합니다. 우리의 모든 삶의 세세한 부분에 실핏줄같이 하나님의 영역이 세워져야 합니다. 성경은 그리스도인을 교회의 소금과 빛이 아니라 세상의 소금과 빛으로 정의합니다. 소금과 빛은 썩는 곳과 캄캄한 곳이라야 필요를 인정받습니다. 그리스도인이 세상에 존재하는 이유는 우리의 착한 행실을 통하여 하나님이 영광을 받으시는 것입니다.

> 이같이 너희 빛이 사람 앞에 비치게 하여 그들로 너희 착한 행실을 보고 하늘에 계신 너희 아버지께 영광을 돌리게 하라 마 5:16

마태복음 5장에서 하나님 아버지가 어디에서 영광을 받는 것으로 말씀합니까? 세상으로부터 받는 것입니다. 놀랍지 않습니까? 성가대의 찬양을 통하여 하나님은 당연히 영광을 받으실 것입니다. 성도의 아름다운 교제와 헌신적인 봉사를 보시고 하나님은 기뻐하실 것입니다. 예배 시간 목회자의 설교와 성경공부를 통해서 우리는 영적으로 성장하며, 이는 하나님의 명하시는 일이기도 합니다. 그러나 우리는 세상에서 하나님이 우리의 착한 행실을 통하여도 영광을 받으신다는 사실에는 많이 익숙하지 않습니다. 이런 맥락에서 세상에서 우리가 자칫하면 놓치고 가기 쉬운 몇 가지 영역들을 생각해 보기로 하겠습니다.

지성의 영역 되찾아오기
기독교의 천동설 콤플렉스

기독교 신앙이 반 지성적이라는 편견이 아직도 교회 밖에서는 많이 존재합니다. 반 지성적이라는 프레임은 특별히 논리적 사고와 합리적 추론을 좋아하는 젊은 세대에게 매우 예민한 문제입니다. 기독교에게 꼬리표처럼 따라다니는 전통적인 핸디캡이 한 가지 있습니다. 그것은 중세 교회가 비과학적인 천동설을 신앙의 이름으로 지지했던 역사입니다. 이 책에서 나는 이것을

'천동설 콤플렉스'라고 부릅니다. 과거 기독교는 지동설을 주장하는 과학자들을 종교의 이름으로 탄압했습니다. 그런데 17세기부터 지동설이 과학적 사실로 증명되면서 비과학적인 천동설을 주장했던 기독교에 대한 냉소적 시각과 비판적 사고가 파생됩니다. 과학적 사실인 줄 알고 신앙과 일체화를 시켰는데 그 이론이 그릇된 사실로 밝혀지니 신앙에 대한 신뢰가 함께 무너진 것입니다. 기독교가 과학만 아니라 문화 예술 정치 사회 등의 모든 영역에 간섭하고 지배하던 중세 천년의 기간이 '암흑시기'라고 불리는 이유 중 하나입니다.

이 암흑시기의 원천적 제공자인 신을 배제하고 새로운 빛인 인간의 이성을 도입하게 되는 사조를 계몽주의라 부릅니다. 어두웠던 암흑시대를 이성으로 환하게 비추자는 뜻이며 그동안 종교는 이성의 자유를 억눌렀다는 간접적인 의미도 담고 있습니다. 이신론이 나오고 자유주의 신학과 자연주의와 인본주의에 이르기까지 이성은 그 이후로 세상의 가치관에서 모든 현상을 판단하고 결정하는 중요한 근거로서 자리잡습니다. 그러는 사이에 기독교는 침묵으로 일관했다고 해도 과언이 아니며 당연히 이성과 지성의 반대편에 서 있는 종교로 낙인찍힙니다. 이러한 기독교의 침묵은 어느 정도 천동설 콤플렉스에서 비롯된 것입니다.

현대에 와서도 무신론적 인본주의자들은 여전히 기독교를 반지성적 프레임을 씌워 이야기합니다. 칼 세이건은 그의 저서 《악령이 출몰하는 세상》(*The Demon-Haunted World*)에서 종교를 이성의 자리에서 배제시킵니다. "과학은 신비주의, 미신, 그리고 종교가 이들과 전혀 관계없는 곳에서 오용되는 것을 차단하는 방벽입니다." 또 다른 저서 《콘택트》(*Contact*)에서는 종교인을 과학적 접근 자체를 하지 않는 비이성적 존재들로 비난합니다.

> "당신들(종교인)은 이해하지 못하는 것은 무엇이든 신에게 돌려 버립니다. 당신에게 있어서 신이란 세상의 모든 신비와 우리 지성에 대한 모든 도전을 쓸어버리는 곳입니다. 당신은 그저 마음을 닫아 버리고 신이 하셨다고 말합니다."

프랑스의 대표적 무신론 철학자인 미셸 온프레이(Michel Onfray)는 "신은 이성·지성과 비판적 태도, 그리고 더 나아가 자신에게 대항하는 모든 것을 죽입니다"라며 신을 이성과의 적대적인 관계로 설정합니다. 세상은 유신론을 기반으로 하는 기독교를 비지성적 집단으로 강하게 몰아가려는 경향을 보입니다. 인본주의적 성향의 대중적 지성인들은 그들의 막강한 영향력을 사용하여 지속적으로 신앙과 지성 사이에 방벽을 쌓고 있습니다. 국내외를 막론하고 이러한 문화의 흐름은 동일하게 흘러가는 듯합니다. 일부 그리스도인들의 비지성적 행태들은 분명히 존재하지만 이들은 대부분 언론을 통하여 과대포장됩니다. 적지 않은 그리스도인들도 스스로 '유신론자들은 비지성적'이라는 프레임에 갇혀 있어서 세상에서 담대하게 그리스도인으로서 본인의 정체성을 드러내는 일에 주저하고 있는 것 같습니다. 기독교는 과연 비지성적인 종교일까요? 우리는 이에 대한 대답을 위해서 성경으로 돌아가야 합니다.

성경에서 보는 하나님의 지성

성경의 처음은 하나님의 창조에 대한 내용으로 시작합니다. 만일 이 창조의 내용이 거짓이라면 지성적 문제를 떠나 기독교는 존재할 수 없습니다. 그러나 만일 이 창조의 내용이 진실이라면 하나님은 지성의 근본임을 부인할 수가 없습니다. 이 세상의 모든 사물에 깃들고 있는 법칙과 질서들이 바로 그것을 증명합니다. 그러므로 하나님의 창조에 대한 믿음 여부가 우리가 다루고 있는 이 질문의 답을 결정하는 갈림길입니다. (신의 창조에 관한 개연성에 대하여는 '1부. 무너진 세상에서 정체성 바로 세우기'에서 자세히 다루었습니다.) 우주의 질서를 만드신 창조주로서의 하나님의 지혜와 지성은 창조 사실 하나만으로도 충분히 설명됩니다. 그리고 성경에는 하나님이 매우 지성적이심을 알 수 있는 부분으로 넘칩니다. 창세기를 보면 아담의 지성에 대한 흥미로운 이야기가 있습니다. 그것은 아담이 창조주 하나님이 의도에 따라 각종 동물들의 이름을 짓는 사건입니다.

> 여호와 하나님이 흙으로 각종 들짐승과 공중의 각종 새를 지으시고 아담이 무엇이라고 부르나 보시려고 그것들을 그에게로 이끌

어 가시니 아담이 각 생물을 부르는 것이 곧 그 이름이 되었더라 아담이 모든 가축과 공중의 새와 들의 모든 짐승에게 이름을 주니라

창 2:19-20

하나님이 직접 만드신 아담의 지성은 당연히 하나님으로부터 흘러들어온 것입니다. 이름을 짓는 행위는 매우 지적인 행위입니다. 부모들은 자녀의 이름을 무작정 짓지 않습니다. 좋은 부모라면 이름을 지으면서 생각하고 고민합니다. 아이들이 소중할수록 그 이름에 대한 의미를 생각합니다. 그런데 아담의 이름을 짓는 행위와 의미를 먼저 생각하신 분은 하나님이십니다. 그것은 곧 하나님이 지적인 존재이심을 의미합니다. 지금과 같은 동물 체계라면 아담은 약 5,000여 종의 포유류와 1만1,000여 종에 이르는 많은 새의 이름을 지었을 것입니다. 창조주께서 그 많은 동물을 이끄실 때에 그 동물들이 순응하여 질서 있게 아담 앞으로 나아왔고 아담은 그 많은 동물들의 고유한 모습과 특성을 직관적으로 파악했습니다. 하나님이 창조하신 동물들의 개별적이고 고유한 특성은 아담의 감각적 인식을 통하여 분별되었을 것입니다. 그러한 인식은 아담의 입을 통하여 말로 표현되었으며 그 표현은 곧 그 동물의 이름이 되었습니다. 각기 다른 동물들에게 서로 다른 이름이 있다는 것은 곧 아담의 놀라운 분별력과 인지 능력을 암시하는 것입니다. 이러한 지적 능력은 당연히 그의 창조자 하나님으로부터 온 것입니다.

창조의 사건으로 시작해서 성경은 창조주로서의 하나님의 지혜에 대하여 일관성 있게 기록합니다. 하나님은 광야에서 이스라엘 백성들이 하나님께 드릴 예물과 성소에 대하여 자세히 설명하시는 지적인 분이며, 성소를 만들 사람들에게 친히 지혜를 주시는 분입니다.

브살렐과 오홀리압과 및 마음이 지혜로운 사람 곧 여호와께서 지혜와 총명을 부으사 성소에 쓸 모든 일을 할 줄 알게 하신 자들은 모두 여호와께서 명령하신 대로 할 것이니라 모세가 브살렐과 오홀리압과 및 마음이 지혜로운 사람 곧 그 마음에 여호와께로부터 지혜를 얻고 와서 그 일을 하려고 마음에 원하는 모든 자를 부르매 출 36:1-2

성경은 솔로몬에게 지혜를 주신 분도 하나님이라고 말합니다.

하나님이 솔로몬에게 지혜와 총명을 심히 많이 주시고 또 넓은 마음을 주시되 바닷가의 모래 같이 하시니 솔로몬의 지혜가 동쪽 모든 사람의 지혜와 애굽의 모든 지혜보다 뛰어난지라 왕상 4:29-30

성경은 하나님의 영을 지혜와 총명의 영으로 설명합니다.

그의 위에 여호와의 영 곧 지혜와 총명의 영이요 모략과 재능의 영이요 지식과 여호와를 경외하는 영이 강림하시리니 사 11:2

그리스도인의 지성

인간의 지혜와 감히 비교할 수 없는 하나님의 광대한 지혜는 성경의 많은 부분을 통하여 나타납니다. 그렇다면 성경은 그리스도인들과 지성의 관계에 대하여 어떻게 이야기합니까? 시편 기자는 하나님에 대하여 차분히 생각해서 그가 진정으로 믿을 만한 분인지 알아보라고 이야기합니다.

> 이르시기를 너희는 가만히 있어 내가 하나님 됨을 알지어다 내가 뭇 나라 중에서 높임을 받으리라 내가 세계 중에서 높임을 받으리라 하시도다 시 46:10

죽어 있거나 무식한 신은 자신에 대하여 알아보라는 말을 못합니다. 그러나 하나님은 자신만만하십니다. 대충 믿지 말고 시간을 충분히 줄 테니 차분하게 생각하여 확신으로 하나님임을 알라는 인격적이고 지성적인 분입니다. 성격은 지성을 사용하여 하나님을 알아보라고 권면하고 있는 것입니다. 이성적인 사람이 하나님을 믿기 어렵다는 세속적 사상은 교만이요 거짓입니다. 하나님은 인간의 생각과 사고의 종점에 회피할 수 없는 실존으로 당당하게 서 계십니다.

성경의 전도서는 마치 철학과 같은 내용을 담고 있습니다. 전도서 자체가 인생을 깊이 생각하게 하는 말씀입니다. 전능하신 하나님을 모르는 사람에게 인생이 허무할 수밖에 없음을 말하며 창조주를 기억하라고 말씀합니다.

> 너는 청년의 때에 너의 창조주를 기억하라 곧 곤고한 날이 이르기 전에, 나는 아무 낙이 없다고 할 해들이 가깝기 전에 해와 빛과 달과 별들이 어둡기 전에, 비 뒤에 구름이 다시 일어나기 전에 그리하라 전 12:1-2

무조건 하나님을 찾는 것이 아니라 생각할 수 있는 근거를 제시합니다. 영원에 비하면 짧은 시간이지만 하나님이 심판하시는 중요한 인생이므로 창조주 하나님을 기억하라고 강권합니다. 기억한다는 것은 인간의 적극적인 지적 활동입니다.

성경은 어리석은 백성들에게 생각하라고 명하시고 지혜롭지 못함을 한탄합니다(시 94:8). 하나님의 뜻을 분별하고 믿음의 분량대로 지혜롭게 생각하라 합니다(롬12:2-3). 베뢰아 사람들이 간절한 마음으로 말씀을 받되, 아무 생각 없이 받지 않고 그 말씀이 정말 맞는지 날마다 생각하며 받을 때에 하나님을 믿는 사람이 많다고 하였습니다(행 17:11). 교회의 덕을 위에서 말씀을 깨닫고 지혜의 말을 조금 하는 것이 생각 없이 많은 방언을 하는 것보다 더 낫다고 합니다(고전 14:19). 남의 말을 듣기만 하는 어린 아이와 같이 되지 말고 지혜로 성숙하라고 권면합니다(고전 14:20). 예수께서 떡을 떼어 제자들에게 주시면서 앞으로 떡을 먹을 때마다 그냥 먹지 말고 예수님을 잊지 말고 기억하라 하셨습니다(눅

22:19). 성경은 결코 그리스도인이 반지성적이 되는 것을 원하지 않습니다.

C.S. 루이스(Clive Staples Lewis)의 저서《스크루테이프의 편지》는 지옥의 사탄 우두머리인 스크루테이프가 그 조카 사탄인 웜우드에게 사람들을 지옥으로 이끌기 위한 전략을 제시하는 31통의 편지로 이루어져 있습니다. 이 책에서 C.S. 루이스는 사탄이 그리스도인들을 지옥으로 보내기 위하여 즐겨 하는 책략 한 가지를 소개합니다. 그것은 사람들이 제대로 생각하지 못하게 방해하는 것입니다. 사람이 생각을 깊게 하다 보면 일상의 흐름 속에서 놓치고 있었던 본질의 문제에 이르게 되기 때문입니다. 이 본질적 문제는 초월자인 신에 대한 생각이며 이런 결과는 사탄이 가장 두려워하는 상황입니다. 이 말은 기독교가 반지성적이라고 주장하는 세속적 자연주의자들의 주장과 전혀 다른 맥락입니다. 그들은 기독교를 반지성적으로 생각하지만, C.S. 루이스의 주장에 따르면 지성은 인간이 하나님을 찾는 데 사용할 수 있는 좋은 도구입니다. 이것이 기독교가 다시 찾아와야 할 '지성의 영역'입니다.

한 단계 더 나아가 C.S. 루이스는 기독교에 있어서 지성의 정점이라 할 수 있는 과학의 중요성을 우리에게 일깨웁니다. 사람들을 천국에 못 가도록 하는 사탄 스크루테이프의 말입니다.

"꼭 한 가지만 명심해 두거라. 기독교에 대해 방어를 하겠답시고 과학을 활용하려 들면 절대 안 된다는 사실 말이다. 과학은 결국 네 환자(사람)를 부추겨 손으로 만질 수 없고 눈으로 볼 수 없는 것들을 사색하게 만들고 말게다. 현대 물리학자들 가운데 그런 애석한 사례가 많이 있었지. 뭐니 뭐니 해도 제일 좋은 방법은 과학 서적 따위는 아예 읽지도 못하게 하면서 그런 건 이미 다 알고 있다는 그럴듯하고 막연한 느낌만 심어 주는 거지."

위키피디아에 따르면 과학이란 '검증 가능한 가설과 예측의 형태로 우주에 대한 지식을 형성하고 조직하는 체계적 원리'라고 정의합니다. 과학을 위한 가장 기본적인 행위는 사물에 대한 관찰이며 이러한 관찰을 기본으로 가설을 세우게 되면 이 가설을 증명하기 위한 재현성 있는 실험이나 증명의 과정을 거쳐 가설이 원리로서 자리잡게 되는 것입니다. 많은 경우 과학은 성경적 원리와 위배되는 것처럼 생각하는데 사실은 그렇지 않습니다. 위에 있는 스크루테이프의 언급에서 보는 것처럼 사탄은 사람들이 그럴듯하고 막연하게 느끼는 것을 좋아합니다. 과학적 사고에 있어서 막연한 느낌은 용납할 수 없습니다. 하나님을 '과학'으로 증명하고 믿는 것은 불가능합니다. 그러나 철저한 믿음의 근거를 가지고 믿는 '과학적 사고'는 기독교 신앙의 큰 요소입니다. 기독교는 근거가 없거나 아니면 막연한 생각으로 믿는 종교가 아닙니다.

성경에서 보여 주는 하나님은 지성도 하나의 중요한 채널로 사용하셔서 인간과 소통하시는 분입니다. 그렇다고 지성으로만 설명되거나 제한되는 분도 아닙니다. 하나님이 지성으로 제한되는 분이라면 그리스도의 십자가 사건은 결코 일어날 수 없었을 것입니다. 지성으로만 죄의 인과관계를 판단하면 죄 없는 예수님이 세상에 오셔서 죄인들을 대신해서 죽는 '비이성적'인 사랑은 도저히 일어날 수 없습니다. 세상 사람들은 세상에서 일어나고 있는 많은 비극적 사건들을 도저히 이해할 수 없으며, 그래서 하나님은 없다고 합니다. 그러나 예수님의 십자가 사건과 하나님의 사랑도 도저히 이해할 수 없는 사건임을 모릅니다. 하나님은 지성을 사용하시고 우리에게 지성을 주시는 분이지만 그렇다고 해서 지성으로 제한되는 분은 결코 아닙니다. 그런데도 이 책에서 지성을 생각하는 이유는 기독교를 비이성적 종교로 공격하는 현대 사상으로부터 올바른 균형을 찾기 원하기 때문입니다.

 성경은 풍요로운 하나님의 지성과 지혜를 증거하고 있으며 동시에 그리스도인의 이러한 지혜와 지성을 중요한 것으로 이야기하고 있습니다. 인간의 지혜와 지성이 왜 중요할까요? 사실 인간이 가질 수 있는 인식 능력의 범위는 매우 제한적입니다. 그것은 인간의 죄로 인한 것입니다. 그러나 인간의 한계성에도 불구하고 이러한 인식 능력은 매우 특별하며 중요합니다. 왜냐하면 그것은 인간이 창조주를 생각하며 그분과 친밀한 관계를 맺을 수 있도록 부여받은 소중한 통로의 하나이기 때문입니다. 물론 지성만이 하나님의 모든 특성을 정의할 수 없습니다. 그러나 하나님이 지성적인 특성도 가지신 분이라면 지성적인 인간에게 그 지성은 하나님을 이해할 수 있는 유용한 채널이 될 수 있는 것입니다.

만일 지성이 결여된 인간이라면 하나님은 그 사람과의 관계를 만드시기 위해서 어떤 다른 통로를 반드시 찾으실 것입니다. 우리가 보통 이야기하는 영성이라는 말이 이런 경우 매우 편리하게 사용이 되곤 합니다만, 지성과 영성의 관계나 구분이 사실 쉬운 것은 아닙니다. 그런데 성경에서는 하나님이 이런 지성과 영성의 완벽한 조화를 보여 주시는 내용이 나옵니다. 그것은 원인을 모르는 끝없는 고통 중에서 육체는 물론이고 영적으로도 지쳐 가고 있는 있는 욥을 회복하시는 하나님에 대한 이야기입니다.

지성과 영성의 컬래버레이션

이해하기 힘든 고난을 당하고 있는 욥에게 친구들의 합리적인 언변은 그의 마음을 위로하지도 못하고, 현실에 대한 이해에도 전혀 도움이 안 됩니다. 만물의 위대한 창조주 하나님이 고통과 절망의 나락으로 떨어진 인간을 구원하는 방법은 먼저 인간의 무지를 진정한 지성으로 일깨우는 것이었습니다. 그 지성은 폭풍우로 요란한 세상을 압도할 정도의 큰 음성으로 선포되었습니다. 그것은 실로 창조주의 권위였습니다.

그때에 여호와께서 폭풍우 가운데에서 욥에게 말씀하여 이르시되

> 무지한 말로 생각을 어둡게 하는 자가 누구냐 너는 대장부처럼 허리를 묶고 내가 네게 묻는 것을 대답할지니라 욥 38:1-3

매우 합리적인 듯한 친구들의 언변을 하나님은 '무지한 말'이라고 간단하고 명료하게 정리하십니다. 하나님은 지혜와 무지를 정의하실 수 있습니다. 지혜의 창조주요, 주인이시기 때문입니다. 하나님은 욥에게 생각을 어둡게 하는 무지한 말에서 벗어나 이제 창조주 하나님의 질문에 주목하여 생각하고 대답하라 하십니다. 하나님의 질문은 38장 4절부터 40장 2절까지 줄기차게 계속되는데, 모두 58개입니다. 그 질문들은 현대의 학문 영역으로 분류하면 천문기상학, 지질학, 천체물리학, 토목공학, 물리학, 생명공학, 해양학 등의 범주를 망라하는 것입니다. 만물의 창조주가 아니면 말할 수 없는 지식과 지혜로 가득 찬 질문들입니다.

내가 땅의 기초를 놓을 때에 네가 어디 있었느냐 네가 깨달아 알았거든 말할지니라 누가 그것의 도량법을 정하였는지, 누가 그 줄을 그것의 위에 띄웠는지 네가 아느냐 그것의 주추는 무엇 위에 세웠으며 그 모퉁잇돌을 누가 놓았느냐… 독수리가 공중에 떠서 높은 곳에 보금자리를 만드는 것이 어찌 네 명령을 따름이냐 그것이 낭떠러지에 집을 지으며 뾰족한 바위 끝이나 험준한 데 살며 거기서 먹이를 살피나니 그 눈이 멀리 봄이며 그 새끼들도 피를 빠나니 시체가 있는 곳에는 독수리가 있느니라 여호와께서 또 욥에게 일러 말씀하시

되트집 잡는 자가 전능자와 다투겠느냐 하나님을 탓하는 자는 대답할지니라 욥 38:4-40:2

하나님은 58개의 질문을 마치고 나서야 욥에게 대답하라 하셨습니다. 질문 하나를 마치실 때마다 그 질문의 대답을 요구하신 것이 아닙니다. 많은 질문을 쉴 틈 없이 던지시고 욥에게 대답을 요구하셨습니다. 그 이유는 무엇일까요? 하나님은 욥이 하나님의 개별적 질문에 전문적 지식으로 대답할 수 없음을 아셨습니다. 그러한 대답은 하나님이 의도하신 대답도 아니었습니다.

'내가 땅의 기초를 놓을 때에 네가 어디 있었느냐?'라는 하나님의 처음 질문부터 욥의 머릿속은 온통 혼돈으로 빠져들었을 것입니다. 천지를 창조하신 창조주란 사실이 희미하게 상기되었지만 인생의 역경에 있는 본인에게 이 질문이 도대체 무슨 상관이 있는지 혼란과 실망감이 있었을 것입니다. '내 지금의 인생이 당장 고통스럽고 절망적인데 당신이 땅의 기초를 놓았던 일과 그때의 내 존재가 무슨 상관이 있습니까?'라고 속으로 생각했을 것입니다. 그리고 마침내 58개의 질문을 마치고 하나님은 욥에게 요구하셨습니다. "대답할지니라!" 하나님이 원하셨던 것은 인생의 고난 속에서 망각된 창조주의 권위, 임재, 그리고 그의 통치였습니다. 이제 욥은 그것을 조금씩 느끼기 시작합니다. 욥은 대답합니다.

> 욥이 여호와께 대답하여 이르되 보소서 나는 비천하오니 무엇이라 주께 대답하리이까 손으로 내 입을 가릴 뿐이로소이다 내가 한 번 말하였사온즉 다시는 더 대답하지 아니하겠나이다 욥 40:3-5

창조주의 임재를 느끼는 인간에게 찾아오는 첫 번째 감정은 무엇입니까? 그것은 거대한 창조주 앞에 선 미천한 본인의 실존입니다. 욥은 창조주 하나님을 인식하면서 본인의 미천함을 말합니다. 그리고 하나님께 더 이상 대답하지 않겠다고 합니다. 그런데 이런 욥의 고백에 하나님은 만족지 않으셨습니다. 욥의 대답은 하나님이 듣고 싶었던 수준에 못 미쳤습니다. 욥이 지금 하나님께 하는 대답의 진심은 이렇습니다.

"그래요, 당신이 창조주인 것은 맞는데, 내 모습을 보십시오. 난 더 이상 내려갈 데 없이 망했습니다. 고달픈 인생이란 말입니다. 당신과 나와 무슨 상관이 있습니까? 나는 이제 가망이 없으니 제발 나를 혼자 놔두세요. 난 더 이상 할 말이 없습니다."

하나님은 아직도 욥의 마음에 온전한 회복이 이루어지지 않았음을 아셨습니다. 하나님이 인간에게 찾아오실 때 원하시는 모습은 절망감이나 자괴감에 물든 모습이 아닙니다. 하나님은 인간의 온전한 회복을 원하시는데 그것은 하나님과 소통의 관계까지 이르는 것입니다. 대화하는 아버지와 아들의 친근한 관계를 원하시는 것입니다. 그런데 지금 욥은 무엇을 말하고 있습니까? 본인은 비천한 자이며 그래서 입술을 가리고 하나님께 더 이상 대답하지 않겠다고 우기고 있는 것입니다. 창조주 하나님이 직접 찾아와 스스로 설명하고 선포하셨는데도 말입니다. 이것이 죄인 인간의 모습입니다. 죄인 인간은 하나님이 축복하시면 쉽게 교만에 빠지고 어려워지면 고집스러운 낙담과 절망에 이르러 고개를 들지 않습니다.

그런데 놀라운 사실은 여기서 하나님은 욥을 포기하지 않으시고 그의 고개를 들어 다시 한번 창조주 하나님에게 주목하게 하십니다. 그리고 하나님의 욥에 대한 철저한 개인학습이 재개됩니다. 그것은 41장 34절까지 21개의 질문과 창조세계의 구체적 설명으로 이어지는 학습입니다. 욥과의 인격적 소통을 원하셨던 하나님의 교육 방법은 아이러니하게도 인격적인 것으로 생각되는 상호소통의 방식이 아닌 일방통행식의 학습이었습니다. 여전히 학습 내용은 그의 창조주이심을 보이는 자연의 이치에 관한 것입니다. 하나님은 인간과 신과의 소통을 위한 선제적 조건이 신을 창조주로 인식하는 것임을 알고 계셨습니다. 그리고 그 인식은 인간에게서 나오는 것이 아니라 철저하게 신으로부터 비롯됩니다. 그러므로 하나님은 계속해서 욥에 대하여 일반통행의 학습 원리를 준수하고 계시는 것입니다.

네가 내 공의를 부인하려느냐 네 의를 세우려고 나를 악하다 하겠느냐 네가 하나님처럼 능력이 있느냐 하나님처럼 천둥 소리를 내겠느냐 너는 위엄과 존귀로 단장하며 영광과 영화를 입을지니라 너의 넘치는 노를 비우고 교만한 자를 발견하여 모두 낮추되 모든 교만한 자를 발견하여 낮아지게 하며 악인을 그들의 처소에서 짓밟을지니라… 깊은 물을 솥의 물이 끓음 같게 하며 바다를 기름병 같이 다루는도다 그것의 뒤에서 빛나는 물줄기가 나오니 그는 깊은 바다를 백발로 만드는구나 세상에는 그것과 비할 것이 없으니 그것은 두려움이 없는 것으로 지음 받았구나 그것은 모든 높은 자를 내려다보며 모든 교만한 자들에게 군림하는 왕이니라 욥 40:8-41:34

하나님의 욥에 대한 일방적인 개인 학습은 여기서 종료됩니다. 흥미롭게도 이 시점에서 하나님은 욥에게 이전처럼 대답하라는 요구를 하지 않으십니다. 오히려 욥의 자발적인 대답이 이어집니다. 마치 열심히 설명하고 있던 선생님이 호흡을 가다듬는 짧은 시간을 틈타 참지 못하고 손을 들고 질문하는 학생처럼 말입니다. 창조주 하나님이 길고 긴 교육을 통하여 진심으로 듣기 원하셨던 그 대답이 욥의 입에서 드디어 터져 나오게 됩니다. 그것도 자발적으로 말입니다.

욥이 여호와께 대답하여 이르되 주께서는 못 하실 일이 없사오며 무슨 계획이든지 못 이루실 것이 없는 줄 아오니 무지한 말로 이치를 가리는 자가 누구니이까 나는 깨닫지도 못한 일을 말하였고 스스로 알 수도 없고 헤아리기도 어려운 일을 말하였나이다 내가 말하겠사오니 주는 들으시고 내가 주께 묻겠사오니 주여 내게 알게 하옵소서

> 내가 주께 대하여 귀로 듣기만 하였사오나 이제는 눈으로 주를 뵈옵나이다 욥 42:1-5

욥기 40장 5절에서 나타나는 욥의 대답과의 차이가 보이십니까? 드디어 욥이 하나님과의 대화를 원한다는 것입니다. 40장에서 더 이상 대답하지 않겠다던 욥은 이제 하나님에게 말하고 묻겠다고 합니다. 이것이 하나님이 그토록 기다리던 정답입니다. 이제는 하나님을 더 알고 싶은 용기와 희망이 생겼습니다. 이제 창조주 하나님은 자신과 상관없는 존재가 아닙니다. 그분은 이제 막연한 존재가 아니라 눈에 분명하게 보이는 분입니다. 수직적으로 인간에게 밀려온 창조주의 존재는 두렵거나 인간과 무관한 존재가 아니라 수평적인 관계를 가질 만큼 친근하고 눈으로 볼 수 있는 분명한 존재로서 인식되기 시작한 것입니다. 친절한 하나님은 욥을 위하여 수많은 질문의 형태를 띤 지성이라는 매개체를 동원하셨으며 그 결과 욥은 창조주 하나님의 존재와 그와의 관계성을 분명하게 인식하게 되었습니다. 그 인식의 결과는 무엇일까요? 그것은 영적 각성입니다.

> 그러므로 내가 스스로 거두어들이고 티끌과 재 가운데에서 회개하나이다 욥 42:6

창조주 하나님은 지성을 매개체로 사용하셔서 욥의 영적 각성을 인도하셨습니다. 하나님이 욥에게 지성적 매개체를 사용하셨다는 사실이 절대로 지성우선주의를 의미하지 않습니다. 물론 성경은 지성의 긍정적인 면을 많이 이야기하고 있으나 하나님은 결코 지성으로 제한되는 분이 아닙니다. 또한 인간이 하나님을 만나기 위한 유일한 통로가 지성이라는 말은 더욱 아닙니다. 욥은 하나님의 지성적인 질문에 대답할 만한 전문적 지식 능력을 가지지 못했습니다. 그런데도 하나님은 높은 수준의 지성적 질문을 던지셨습니다. 무지한 욥이 이로부터 하나님을 인격적으로 그리고 영적으로 만날 수 있었음은 놀라운 사실입니다.

지성을 뛰어넘는 믿음

욥이 하나님을 창조주로 인식하기 위하여 필요한 지성이 전문가들의 전공 지식처럼 수준 높은 지성의 수준이 아니었음은 우리에게 너무나 다행스러운 일입니다. 만일 욥이 전문 지식의 소유자였으면 아마도 하나님의 질문에 몇 가지는 대답하려고 하지 않았을까요? 캄캄한 밤에 거칠게 몰아치는 폭풍과 비바람을 만나 표류하고 있는 작은 어선에게 필요한 것은 등대가 비춰 주는 빛의 존재를 인지하는 기본적 지적 능력과 인식이지 빛에 대한 파동설이나 입자설에 대한 물리적인 전문 지식이 아닙니다. 이 상황에서 가장 현명한 행동은 등대 빛의 도움을 받아 빠른 시간 안에 포구로 안전하게 배를 대거나 안전한 항로를 찾는 것입니다. 이런 행동 대신에 배 안에서 양자역학적 이론을 들이대거나 등대 빛의 스펙트럼을 조사하고 빛의 파장을 계산하고 있다면 이는 얼마나 어리석은 일인가요?

하나님은 그 당시 욥의 지적 수준을 충분히 알고 계셨으며 그에게 필요한 완벽하고도 친절한 등대 빛을 비추어 주셨습니다. 물론 자연 과학을 전공하는 사람들이 일반사람들이 이해하기 어려운 자연의 법칙과 질서에 대한 전문적 지식을 통하여 창조주에 대한 경외심을 가지게 되는 특별한 경험은 크게 존중을 받는 것이 마땅합니다. 그것은 또한 자연과학을 연구하는 사람들에게 허락된 특별한 경험이요 특권이기도 합니다. 그러나 인간의 지성 수준이 결코 그 사람의 신앙의 수준을 가리키지는 않습니다. 로마서 1장의 말씀을 종종 인간의 인지능력과 지성으로 하나님을 믿을 수 있다고 이해하곤 합니다.

> 이는 하나님을 알만한 것이 그들 속에 보임이라 하나님께서 이를 그들에게 보이셨느니라 창세로부터 그의 보이지 아니 하는 것들 곧 그의 영원하신 능력과 신성이 그 만드신 만물에 분명히 보여 알려졌나니 그러므로 저희가 핑계치 못할지니라 롬 1:19-20

물론 인간은 원래 자연 만물을 통하여 창조주를 알 수 있도록 창조되었습니다. 그러나 사도 바울의 로마서에서의 논리를 자세히 살펴보면 이 말은 아담의 죄로 인하여 모든 인류에게 닥친 전적 타락의 한 부분을 보여 주는 대목입니다. 즉 이 말씀은 타락 전의 아담에게 온전히 적용되는 말입니다. 인류는 자연 만물에 나타난 하나님의 능력과 신성을 통하여 하나님을 믿을 수 있도록 창조되었으나 아담의 타락 후 이러한 속성마저 타락했다는 말입니다.

물론 인간과 함께 저주 아래 놓이게 된 자연 만물이라도 일반은총을 통한 하나님의 은혜가 유지되고 있는 것처럼, 타락한 인간들도 자연 만물 속에서 어렴풋이 신이라는 존재에 대하여 의식할 수는 있습니다. 특별히 그리스도를 통해 믿음으로 구원을 받은 자들에게는 이런 경험이 더욱 강렬하게 다가옵니다. 영광으로의 회복 단계로 나아가는 선상에 있기 때문입니다. 아담의 타락 후 모든 인류는 본질적으로 전적인 타락의 굴레에 있으며 그 타락의 한 단면으로서 더 이상 지성만으로는 하나님을 받아들일 수 없다는 말입니다. 이는 곧이어 전개되는 죄의 결과에 대한 바울의 자세한 설명으로 알 수 있습니다. 그는 타락한 인간으로부터 나오는 수많은 죄악상을 구체적으로 열거(롬 1:21-31)한 후 이렇게 선언합니다.

> 그러면 어떠하냐 우리는 나으냐 결코 아니라 유대인이나 헬라인이나 다 죄 아래에 있다고 우리가 이미 선언하였느니라 기록된 바 의인은 없나니 하나도 없으며 깨닫는 자도 없고 하나님을 찾는 자도 없고 다 치우쳐 함께 무익하게 되고 선을 행하는 자는 없나니 하나도 없도다 롬 3:9-12

자연으로부터 하나님을 알 수 있는 능력을 상실한 인류가 하나님을 알지 못한다고 해서 그 결과에 대한 면제부가 주어지는 것은 아닙니다. 왜냐하면 그 상실의 원인 역시 인류의 조상인 아담의 범죄로부터 비롯되었기 때문이며 그 죄의 결과는 모든 인류에게 적용됩니다. 그러므로 인류는 여기에 대하여 핑계를 댈 수가 없습니다. 전통적으로 하나님을 안다는 유대인들도 이러한 자연계시를 통하여 하나님을 아는 능력의 상실을 포함한 전적 타락에 놓이게 된 것입니다.

사실 바울이 로마서를 통하여 전달하고자 한 내용은 인류의 전적인 타락과 유일한 새 계명, 즉 그리스도를 통한 믿음에 의한 구원입니다. 인간의 전적 타락으로 인하여 만물에 나타나는 창조주의 영원하신 능력과 신성을 더 이상 온전하게 인식할 수 없음을 받아들이면 우리는 로마서 1장 말씀과 히브리서 11장 3절의 말씀 사이의 완벽한 조화를 발견하게 됩니다. 그것은 모든 세계의 창조주임을 아는 것은 오직 그리스도를 통하여 새 계명으로 주어지는 믿음을 통해서만 가능하다는 사실입니다.

> 믿음으로 모든 세계가 하나님이 말씀으로 지어진 줄을 우리가 아노니 히 11:3

믿음의 확신에 대하여 걱정하거나 고민한 경험이 있습니까? 성경은 믿음이 있음을 알려 주는 한 가지 중요한 판별식을 우리에게 가르쳐 줍니다. 본질적으로 타락한 모든 인간에게 하나님이 세상을 창조하셨음을 믿는 방법은 지식이나 이성에 의해서가 아니라 바로 믿음이 있기 때문입니다. 히브리서 11장 3절에서 '안다'라는 동사의 목적어를 생각하면 이것은 결코 세상에서 쉽게 받아들여지는 내용이 아님을 알 수 있습니다. 그 목적어는 '보이지도 않는 창조주라는 분이 말씀으로 이 세상을 창조하였다'는 것입니다. 신의 존재를 믿어야 하며 그 신의 전지전능성을 믿어야 하는 전제를 깔고 있어야 합니다. 이것은 세상에서 보편적으로 받아들일 수 있는 차원의 내용이 결코 아닙니다. 그런데도 히브리서 기자는 이 세상에서 세계관적으로 첨예하게 대립하고 있는 이 복잡한 주제에 대하여 너무나 자연스럽고 단순하게 '안다'라는 한마디로 종지부를 찍습니다. 얼마나 명쾌합니까?

우리 마음에 '하나님이 세상을 창조하셨다'라는 인식이 있다면 이것은 곧 믿음이 있음을 가리키는 증거의 하나입니다. 그러므로 그리스도인의 창조론적 세계관은 대단히 중요합니다. 우리 안에 믿음이 있음을 확인하는 한 가지 방법이 있다는 것과 이를 통해 우리가 믿음이 있음을 아는 순간 우리는 세상에서 부러워할 것이 없는 행복한 존재가 됩니다. 우주 만물의 주인이신 하나님이 내 아버지가 되었다는 것만큼 안심되고 가슴 벅찬 일이 어디에 있을까요? 많은 사람이 하나님을 만날 때에 창조주에 대한 벅찬 경외감을 체험합니다. 하나님을 만날 때에 그가 만드신 창조의 세계가 얼마나 아름답고 귀한지를 오감으로 느끼게 됩니다. 지성과 감성과 영성 간의 갈등이나 경계가 없이 온전히 하나가 되어 창조주를 기뻐하며 경배할 수 있는 것은 믿음으로 하나님을 만난 사람들만의 귀한 체험입니다. 나뭇잎이 바람에 살랑거리는 모습은 단순한 바람의 작용이 아니라 창조주의 우리를 향한 사랑의 손짓임을 알게 됩니다. 추운 늦가을 아침에 담장 너머로 밀려오는 따스한 햇빛은 우리에게 달려와서 보듬어 주고 싶은 아버지의 깊은 사랑입니다. 창조주를 그리워하며 밤하늘을 보고 싶은 마음을 우리에게 주십니다. 반짝거리는 많은 별은 세상에 나를 남기셨으나 외롭게 내버려두지 않으시고 보호하시는 그분의 불꽃 같은 눈길임을 우리는 압니다. 우리가 육체의 옷을 벗고 주 앞에 서는 날 우리가 경험할 영광의 대면식을 소망하게 됩니다.

> 우리가 이제는 거울로 보는 것같이 희미하나 그때에는 얼굴과 얼굴을 대하여 볼 것이요 이제는 내가 부분적으로 아나 그때에는 주께서 나를 아신 것같이 내가 온전히 알리라 고전 13: 12

욥이 하나님을 창조주로 재확인하면서 누린 영적 각성과 믿음의 재충전은 우리의 믿음 생활에서 하나님이 창조주이심을 인식하는 것이 얼마나 중요한지를 잘 보여 주고 있습니다. 그러므로 하나님은 우리에게 명하셨습니다.

너는 청년의 때에 너의 창조주를 기억하라 곧 곤고한 날이 이르기 전에, 나는 아무 낙이 없다고 할 해들이 가깝기 전에 전 12:1

생각해 봅시다

1] 나는 하나님을 지성적인 분으로 인식하고 있습니까? 만일 그렇다면 그 근거는 무엇입니까? 주변에 지성과 영성이 조화로운 모습으로 본이 되는 분들을 생각하고 경험들을 나누어 봅시다.

2] 나의 지성이 신앙생활이나 복음전파에 도움이 되는 경험이나 사례가 있습니까? 지성이 복음 전파와 하나님의 나라를 위하여 어떻게 사용될 수 있을 지, 그리고 지성의 한계와 주의할 점 등에 대하여도 나누어 봅시다.

8장
잃어버린 영역주권 되찾아오기 II _ 일상 속 성경적 가치 기준

일상적 언어와 소통의 영역

　현대 사회에서 그리스도인들이 쉽게 놓치고 있는 영역 중 한 가지는 바로 '언어와 소통'의 영역입니다.
　영화 "굿 윌 헌팅"(Good Will Hunting)은 불우한 어린 시절의 상처 때문에 반항적 문제아로 성장한 윌 헌팅과 이를 치료하는 심리치료 교수 션 맥과이어 사이에서 벌어지는 감동적 이야기입니다. 이 영화의 백미는 션 교수가 윌에게 "그건(어린 시절의 상처) 네 잘못이 아니야(It's not your fault)"라고 반복해 말해 주는 장면이 아닐까 싶습니다. 션 교수의 진실되고 단호한 말이 열 번이나 반복되는 동안 윌의 마음속 깊은 상처가 치료되는 모습이 잘 담겼습니다. 처음 윌은 대수롭지 않게 반응합니다. 그러나 끝으로 치달을수록 윌은 분노와 폭력적 감정까지 드러냅니다. 네 잘못이 아니라는 이 단순한 말이 아홉 번쯤 반복되자 윌은 마치 어린아이처럼 션의 품에 안겨 흐느끼기 시작합니다. 품에 안겨 통곡하고 있는 윌을 보듬으며 션 교수는 "네 잘못이 아니야. 이제 다 잊어버려"라고 거듭 말해 주면서 이 장면은 마무리됩니다. 언어의 한 형태인 말의 반복이 주는 강력한 힘과 영향력을 보여 주고 있습니다.

이 영화를 보면서 예수님이 베드로를 찾아오셔서 "네가 나를 사랑하느냐?"고 세 번 물으시던 장면이 떠올랐습니다. 사도행전에는 환상 중에서 베드로에게 이방인에 대한 복음 전도를 명하시는 말씀을 세 번 반복하시는 장면이 나옵니다(행 10:10-16). 성경은 말의 힘에 대하여 이렇게 말합니다.

> 죽고 사는 것이 혀의 힘에 달렸나니 혀를 쓰기 좋아하는 자는 혀의 열매를 먹으리라 잠 18:21

대중 매체를 접하다 보면 언어가 주는 교묘한 속임수를 왕왕 발견합니다. 한 예로써 '진화'라는 단어가 대중적으로 다가가는 모양새는 원래 자연과학에서의 의미와 완전히 다릅니다. 대중 매체에서 중의적 의미의 가면을 쓰고 있는 '진화'란 단어는 일반인들이 자연과학적 '진화론'에서의 '진화'의 의미를 매우 긍정적이고 자연스레 받아들일 수 있도록 하는 힘이 있습니다.

대중 매체들의 기사 제목들에서 그 예를 얼마든지 발견할 수 있습니다. 비교적 오래전에 '호랑이 스윙의 진화'란 제목의 기사가 신문에 실린 적이 있습니다. 골프계의 전설적 인물로 일컬어지던 타이거 우즈가 부진했던 성적을 딛고 새로운 전성기를 이끄는 배경에는 그의 스윙 폼에 큰 변화가 있었다는 내용의 기사였습니다. 기사에서는 타이거 우즈의 변화를 그의 어깨와 골프 채와의 각도로 설명합니다. 매우 지적이고 과학적입니다. 이런 변화의 분석을 '진화'라고 표현한 것입니다. 이처럼 대부분 매체에서는 '진화'를 매우 긍정적 의미인 '발전'의 개념으로 사용합니다. 신제품이 출시되었을 때, 이전보다 더 나은 품질을 표현할 때 대부분 따라오는 수식어가 '진화'입니다. '주방 가구의 진화', '자동차의 진화', '끊임없이 진화하는 뮤지컬의 힘', '계속 진화하는 스타' 같은 제목의 기사는 진화의 개념을 발전적이며 긍정적이며 인류에게 필요한 개념으로 인식하게 만듭니다. 발전의 과정을 과학적 근거로 해석합니다. 자연스럽게 사람들은 '진화'라는 단어를 '인류의 발전을 위한 좋은 것'으로 인식하게 되었습니다.

그런데 원래 생물학적 진화는 생명의 기원에 대하여 정확한 답을 주지 못합니다. 오랜 세월동안 연속적인 과정을 거쳐서 저절로 되었다는 의미입니다. 원인과 결과의 상관성을 제시하지 않습니다. 그러므로 대중 매체에서의 '진화'라는 단어는 생물학적 진화의 원래 의미와 전혀 다릅니다. 그런데도 대중 매체가 전하는 '진화'라는 단어의 숨은 뜻에 익숙해진 사람들은 그것의 과학적이고 발전적이며 긍정적인 의미를 생물학적 '진화'에 무의식적으로 채색하게 됩니다. 이것이 언어가 만드는 무의식적인 고정관념(stereotype)입니다.

이러한 고정관념은 세상에서 문화가 되고 심지어 지식적 체계로 인정받습니다. 이것은 C.S. 루이스가 언급한 '일상에서 벌어지는 감각적 경험의 흐름'과 깊은 관계가 있습니다. 스크루테이프는 사람들이 하나님을 생각하지 않도록 그들의 일상을 감각적 경험의 흐름에 붙들어 둡니다. 사탄이 우리의 일상생활에서의 감각적 경험을 어떤 흐름으로 이용하는지 예측해 볼 만합니다.

"무슨 일이 있어도 그의(인간) 시선을 감각적 경험이 흐름에 붙들어 두어야 해. 그것이야말로 실제 삶이라고 믿도록 가르치되 실제가 무슨 뜻인지는 절대 묻지 못하게 하거라. 언젠가 내가 맡았던 환자**(사탄의 유혹받는 대상자)**는 골수 무신론자였는데 대형 박물관에서 책 읽기를 즐겼지. 그런데 하루는 책을 읽고 있던 환자의 생각이 영 잘못된 방향으로 흘러가는 꼴이 보이더구나. 아차 하는 사이에 원수**(예수)**가 내 환자 곁에 바짝 달라붙었던 게야. 미처 정신을 차릴 새도 없이 20년 동안이나 공들여 쌓아 온 탑이 통째로 흔들리기 시작했다. 그때 이성을 잃고 논증으로 방어하려 들었다면 난 아마 완전히 끝장나고 말았을 걸. 하지만 내가 그런 바보 짓을 할 리가 없지. 나는 그 즉시 내가 제일 만만하게 지금 흔들 수 있는 부분을 건드리면서 '점심을 좀 먹어야 할 때가 아니냐'고 일러 주었다. 보아하니 원수가 즉시 반격에 나서서 이 문제는 점심보다 훨씬 더 중요하다고 말하는 것 같더구나. '중요하고 말고 사실 이건 오전이 다 끝나가는 자투리 시간에 생각하기엔 너무나도 중요한 문제야'라고 내가 맞장구 치자 환자의 안색이 눈에 띄게 밝아진 걸 보았다. 이때를 놓칠 세라 '점심 먹고 와서 개운한 머리로 다시 생각하자'고

얼른 덧붙이니까 벌써 그는 저만치 문 쪽으로 걸어가더라. 환자가 거리로 나섰을 때쯤에는 이미 전세가 내 쪽으로 확연히 기울어져 있었다. 나는 석간신문이 나왔다고 외치는 신문팔이 소년과 거리를 지나가는 73번 버스를 보여 주었지. 그리고 그가 계단을 다 내려오기도 전에 머릿속에 굳건한 확신 하나를 단단히 심어 주었다. 혼자 방구석에 처박혀서 책을 읽고 있을 때는 온갖 괴상망측한 생각이 다 들 수 있지만 정신이 번쩍 드는 이 건강한 실제의 삶 앞에 그 따위의 관념들이 무슨 의미가 있느냐는 확신 말이야. 이제 그 환자는 지금 우리 아버지 집(지옥)에 안전히 거하고 있지. 이제는 내 말을 좀 알아듣겠느냐. 수세기 동안 우리가 쉬지 않고 공작해 온 덕분에 이제 사람들은 눈앞에 펼쳐지는 친숙한 일상에 눈이 팔려 생소하기만 한 미지의 존재는 믿지 못하게 되어 버렸다. 그러니 계속해서 사물의 일상성을 환자에게 주입해야 해."

언어만큼 사람들을 일상의 흐름에 빠지게 하기에 좋은 것이 없습니다.

　세상과의 언어 영역 싸움에서 밀려 원래의 기독교적 가치를 포기하는 경우가 있습니다. 언어에서 기독교적 가치를 포기하기 시작하면 일상의 흐름 속에서 기독교적 가치는 조용히 사라지게 되며, 이는 결과적으로 기독교의 왜곡된 형태를 사회에 내보여 주게 됩니다. 이것은 이미 우리에게 임박한 AI시대에서 매우 중요한 제안입니다.

2025년도 봄, 국내의 어떤 기독교 모임에서 나온 표어 하나를 본 적이 있습니다. 그것은 "결혼은 행복이 아니라 거룩을 위한 것입니다"라는 내용이었습니다. 물론 비 성경적인 요즈음의 결혼에 대한 사조를 비판하며 하나님 중심의 결혼을 강조하려는 표현으로 에둘러 해석할 수 있습니다. 그러나 이런 표현은 마치 행복이란 가치가 기독교의 결혼, 나아가 기독교에서는 포기된 것처럼 들리기 쉽습니다. 결혼은 분명 사람이 더 행복하라고 하나님이 만드신 제도(창 2:18, 23)입니다. 비성경적 결혼을 추구하는 사회에 대하여 기독교의 올바른 결혼관을 제시해 주면 되는 것입니다. 무엇보다 위 표어에서는 기독교의 가치관에서는 마치 행복을 포기해야 거룩할 수 있다는 편견을 자아냅니다. 기독교에서 '행복'과 '거룩'이라는 두 단어는 서로 상충하는 것이 아닙니다. 오히려 성경적 결혼은 행복과 거룩 모두를 포함합니다.

언어의 영역에서 기독교의 소중한 가치들을 보호해야 합니다. 언어라는 일상의 흐름 속에서 한번 잊힌 가치들은 되돌리기가 아주 어렵습니다. 언어의 영역에서 세속적 도전을 받은 영국의 유신론자들이 지혜를 발휘한 좋은 예가 있습니다. 영국의 진화생물학자 리처드 도킨스(Clinton Richard Dawkins)와 다른 무신론자들은 그들의 무신론적 철학을 전하기 위하여 한동안 영국의 대중버스에 다음과 같은 문구의 광고를 실었습니다.

"하나님은 아마도 없을 것입니다. 그러니까 이제는 걱정 다 때려치우고 당신의 인생을 즐기세요(There's Probably No God, Now Stop Worrying and Enjoy Your Life)."

그런데 이 광고에 대응하여 영국의 기독정당(Christian Party)에서 마찬가지로 대중버스에 게재한 광고 문구가 매우 의미 있고 흥미롭습니다.

"하나님은 확실히 계십니다. 그러니까 기독교정당(Party, **정당과 파티의 이중적 의미**)에 가입하시고 당신의 인생을 즐기세요(There Definitely is a God, So Join the Christian Party and Enjoy Your Life)."

언어와 대중매체의 영역은 이 시대에 매우 강력한 영향력입니다. 대중적 인기 논객과 인플루언서(influencer)의 한마디 한마디가 사람들의 가치관에 변화를 일으키며 문화를 형성합니다. 우리의 일상은 비성경적 세계관을 아주 매력적인 포장지로 감춘 각종 언어의 향연으로 넘실거립니다. 미디어에서도 그렇고 일상의 대화, 심지어 전문적 지식을 소통하는 자리에서도 그렇습니다. 그리스도인은 미디어를 통하여 무의식적으로 일상화가 되어 가는 수많은 언어에 대하여 분별력을 갖고 들여다보아야 합니다. 미디어는 그리스도인이 들어가야 할 현 시대의 새로운 영역입니다. 이 영역에 그리스도의 주권이 임하도록 성령의 분별력과 필요한 지성을 위하여 기도하고 노력해야 합니다.

특별히 스크루테이프는 '논증'과 '전문용어'에 대하여 이야기합니다.

"그러니까 환자를 교회에서 멀리 떼어 놓기에 가장 좋은 협력자는 논증이 아니라 전문 용어란 말이다."

위키백과에 따르면 '논증'이란 '어떤 판단이 참이란 것의 이유를 부여하거나 명확하게 보여 주는 것'을 의미합니다. 현대사회의 문화 매체는 그리스도인의 건전한 논증과 판단을 유보하거나 흐리게 하는 언어의 전쟁터라고 해도 과언이 아닙니다. 진리와 비진리의 중간 지대는 사실 비진리와 마찬가지입니다. 왜냐하면 진리에 비진리가 조금이라도 섞이는 순간 원래의 진리는 더 이상 진리가 아니기 때문입니다. 성령님은 차지도 덥지도 않은 미지근한 행태의 신앙에 대하여 가차 없이 그것을 거짓 신앙으로 경고합니다(계3:15-16).

앞서 스크루테이프가 언급한 '전문 용어'란 과장되고 피상적인 판단을 유도할 수 있는 대중적 용어를 말하며 바로 앞서 이야기한 '진화'라는 단어가 바로 그 좋은 예라고 볼 수 있습니다. 진화는 대중매체를 통한 일상의 흐름 속에서 사람들 깊은 인식 속에 긍정적인 돗자리에 자리를 잡았고 사람들이 더 이상 이에 대하여 진지한 논증을 외면하는 사이에 생물학적 진화에서의 '진화'는 인간 친화적이며 과학적인 개념으로 변장했습니다. 그래서 진화론에 대한 반론을 제기하고 반대하는 것이 오히려 비과학적이고 이상한 것이 되어 버렸습니다. 사람들은 철저한 논증과 판단 없이 일상적 흐름 속에 진화를 하나의 그럴 듯한 전문 용어로 받아들이며 이를 진리라고 여기게 되는 것입니다. 이것이 사탄이 노리는 속임수입니다.

성경적 가치기준의 영역

세상에서 통용되고 있는 가치의 기준과 성경적 가치 기준에 대하여 생각해 보겠습니다. 칼 세이건의 들풀에 대한 언급이 흥미롭습니다.

> "지구에서 흔히 보이는 풀 한 포기가 만일 화성에서 발견된다면 이는 기적일 것이다. 미래에 화성에 있을 우리의 후손들은 잔디 조각 하나의 엄청난 가치를 알게 될 것이다."

무신론자인 칼 세이건에게 있어서 들풀의 가치는 그 희귀성에 근거합니다. 들풀은 지구에서는 흔히 발견되기 때문에 귀하지 않지만 생물이 발견되지 않는 화성에서 이 들풀의 가치는 엄청나다고 합니다. 희귀성에 근거한 가치의 평가는 사실 세상에서 매우 보편화된 기준입니다. 대부분 귀금속이 비싼 이유는 공급할 수 있는 양보다 수요가 훨씬 많기 때문입니다. 아마추어 운동선수는 많지만 그중에 프로 선수로서 뛸 수 있는 사람은 많지 않습니다. 프로 선수로 발탁되는 선수들의 상대적인 숫자의 희귀성으로 인하여 그들의 몸값은 천정부지로 올라갑니다. 세상을 지배하는 가치는 대부분 이런 희귀성에 근거합니다. 창조주 하나님을 믿지 않는 칼 세이건 뿐 아니라 거의 대부분 사람에게 있어서 절대적 가치의 기준은 바로 희귀성에 있습니다. 일반적으로 지구에서 어디서든 쉽게 눈에 띄는 들풀은 그다지 중요한 관심과 의미의 대상이 아닐 것입니다. 그런데 성경에서는 들풀인 백합화의 가치에 대하여 어떻게 표현하고 있는지 아십니까?

> 백합화를 생각하여 보라 실도 만들지 않고 짜지도 아니하느니라 그러나 내가 너희에게 말하노니 솔로몬의 모든 영광으로도 입은 것이 이 꽃 하나만큼 훌륭하지 못하였느니라 오늘 있다가 내일 아궁이에 던져지는 들풀도 하나님이 이렇게 입히시거든 하물며 너희일까보냐 믿음이 작은 자들아 눅 12:27-28

놀라운 말씀입니다. 하나님은 인간의 가치를 설명하고자 하루 정도 피어 있다 아궁이에서 태워지는 들풀의 가치와 인간의 가치를 비교하십니다. 인간의 가치는 너무 소중하여 들풀과 비교도 할 수 없습니다. 그런데 인간의 가치와는 비교도 안 되는 이 흔한 들꽃의 가치가 솔로몬의 모든 영광으로 입은 것보다 더 높다고 말씀하시는 것입니다. 위 구절에서 백합화로 번역된 꽃은 사실 이스라엘에서 매우 흔한 들꽃입니다. 그런데 어떻게 이스라엘 역사 속에서 가장 화려했고 부강한 나라를 이루었던 솔로몬 시대의 모든 부귀영화로 치장한 옷보다 흔한 들풀이 더 훌륭할 수 있단 말입니까? 그 이유는 들풀의 아름다움이 하나님이 그분의 영광을 위하여 손수 입히시는 것에서 비롯되기 때문입니다.

들에 피는 백합화 한 송이의 탄생과 성장과 죽음은 철저하게 창조주의 영광을 위하여 관리되고 결정됩니다. 영광이란 단어의 속성은 "드러낸다"라는 데에 있습니다. 전능한 창조주로서의 성품과 능력과 선하심을 드러내는 것이 바로 영광의 본질인 것입니다. 들에 피는 백합화가 이스라엘 역사에서 가장 황금기인 솔로몬 시대의 왕의 의복보다 더욱 훌륭한 이유는 바로 이 들꽃이 하나님의 뜻에 따라 그의 영광을 드러내기 때문입니다. 하나님은 신자와 불신자에 관계없이 아름다운 자연을 인간에게 선물로 허락하셨고 또한 그 자연을 통하여 영광 받기를 원하십니다.

일반적인 인간의 관점에서 보면, 솔로몬의 모든 영광을 드러내는 값비싼 장신구와 보화들로 치장된 옷의 가치를 어떻게 흔한 들풀과 비교한단 말입니까? 그러나 예수님의 가치 기준은 세상적 가치와 본질적으로 다른 것입니다. 인간은 희귀성과 같은 상대적 가치의 기준으로 사물을 판단하지만, 예수님에게 있어서 가치의 절대적 기준은 그 대상이 '하나님의 영광을 드러내는가?'입니다. 그래서 예수님은 희귀성이 떨어지는 들풀조차도 그것이 하나님이 부여하신 아름다움으로(God gives such beauty, 눅 12:28)

그의 영광을 드러내기 때문에 값비싼 보석으로 치장된 솔로몬의 옷보다 훌륭하다고 말씀하신 것입니다.

성경에서 이야기하는 가치의 기준에 대하여 좀 더 생각해 보겠습니다. 성경의 눈으로 본 가치의 기준은 일반적인 세상의 가치와 매우 다를 수 있습니다. 성경에서의 가치 기준은 곧 하나님의 가치 기준이므로 하나님의 가치에 대한 평가는 세상과 매우 다르다는 말입니다. 심지어 측근에서 배우던 제자들조차 예수님의 가치의 기준을 이해하지 못했던 사건이 하나 있었습니다. 그것은 예수님에게 다가와 귀한 향유 옥합을 깨뜨린 한 여인의 이야기입니다.

> 한 여자가 매우 귀한 향유 한 옥합을 가지고 나아와서 식사하시는 예수의 머리에 부으니 제자들이 보고 분개하여 이르되 무슨 의도로 이것을 허비하느냐 이것을 비싼 값에 팔아 가난한 자들에게 줄 수 있었겠도다 하거늘 예수께서 아시고 그들에게 이르시되 너희가 어찌하여 이 여자를 괴롭게 하느냐 그가 내게 좋은 일을 하였느니라
>
> 마 26: 7-10

비슷한 내용의 다른 본문인 마가복음 14장이나 요한복음 12장에 의하면 이 향유의 값은 노동자의 일 년 치 급여와 거의 가까운 300데나리온 정도로, 매우 고가의 물건입니다. 제자들은 값비싼 향유 옥합을 깨어 예수님의 머리에 부은 이 사건을 보면서

당황했습니다. 그리고 300데나리온 정도의 비싼 향유가 예수님의 머리에 부어지면서 순식간에 없어지는 것이 너무 아깝다고 생각했습니다. 그래서 제자들은 이 여인을 혼냅니다. 이들은 사회적으로 연약한 자들에 대한 '나눔'의 논리와 명분으로 그들의 분노에 대한 정당성을 만듭니다. '비싼 값에 팔아 가난한 자들에게 줄 수도 있었겠다'는 것입니다. 이 논리는 예나 지금이나 자신을 높이면서도 주변 사람들이 듣기에는 멋진 말입니다. 그러나 이것은 예수님과 함께 생활하던 제자들 스스로 스승께서 회칠한 무덤으로 표현하며 혼내신 바리새인들의 율법주의(Legalism)를 보여 주고 말았습니다.

　제자들로서는 300데나리온이라는 값비싼 향유는 일회적으로 예수님의 머리에 부어 없애기에 너무 값진 물건이었습니다. 하지만 예수님은 이러한 제자들의 행동에 제동을 거시고 이 여인의 행동의 가치를 가르쳐 주십니다. "그가 내게 좋은 일을 하였다!" 그 여인의 행동을 장차 닥칠 예수님의 죽음을 준비하는 예표의 가치로 말씀하신 것입니다. 가치의 기준을 '예수님에게 좋은 일을 하는 것'으로 정리해 주셨습니다.

　이 사건에서 대비되는 두 가지 가치는 첫째, '이웃에 대한 나눔'과 둘째, '예수님에게 좋은 일을 하는 것'입니다. 이 두 가치 중에 예수님이 판단하시기에 지금 시점에서 더욱 중요한 것은 둘째 가치였습니다. 그러나 이 사건이 첫째 가치인 '이웃에 대한 나눔'을 배제하라는 의미는 절대로 아닙니다. 예수님에게 좋은 일이란 무슨 말인가요? 그것은 하나님께 영광을 돌리는 일입니다. 예수님은 이 세상에 계신 동안 이 기준을 절대 놓치지 않으셨습니다. 마지막 십자가의 고난을 목전에 두고서까지 이 기준에 충실하셨습니다.

> 예수께서 이 말씀을 하시고 눈을 들어 하늘을 우러러 이르시되 아버지여 때가 이르렀사오니 아들을 영화롭게 하사 아들로 아버지를 영화롭게 하게 하옵소서 아버지께서 아들에게 주신 모든 사람에게 영생을 주게 하시려고 만민을 다스리는 권세를 아들에게 주셨음이로소이다 영생은 곧 유일하신 참 하나님과 그가 보내신 자 예수 그리스도를 아는 것이니이다 아버지께서 내게 하라고 주신 일을 내가 이루어 아버지를 이 세상에서 영화롭게 하였사오니 아버지여 창세 전에 내가 아버지와 함께 가졌던 영화로써 지금도 아버지와 함께 나를 영화롭게 하옵소서 요 17:1-5

십자가에 달리시기 직전 예수님 자신의 영화로움의 목적은 아버지 하나님을 영화롭게 하기 위함이었습니다(요 17:1). 예수님은 공생애 전 기간 동안 아버지 하나님이 하라고 하신 일을 완수함으로써 하나님을 영화롭게 하셨습니다(요 17:4). 성경은 위 향유 옥합 사건을 통하여 가치의 절대 기준이 하나님께 영광을 돌리는 일임을 다시 한번 알려 줍니다. 예수님은 향유 옥합을 깨는 행위의 가치를 가르침과 동시에 제자들이 다른 가치인 '이웃에 대한 나눔'도 잊어버리지 않도록 다음과 같이 친절하게 부연 설명해 주셨습니다.

> 가난한 자들은 항상 너희와 함께 있거니와 나는 항상 함께 있지 아니하리라 이 여자가 내 몸에 이 향유를 부은 것은 내 장례를 위하여 함이니라 마 26:11-12

가난한 자들을 돕는 것은 나중이라도 얼마든지 할 수 있지만 예수님의 장례를 예표하는 행위는 지금이 아니면 불가능하다는 것입니다. 가난한 자들을 돕는 것이 나쁘다는 말이 아니라 지금 시점에서의 우선순위를 말씀하신 것입니다. 향유 옥합을 팔아서 세상의 가난한 자에게 주는 일도 하나님이 기뻐하시는 일이요, 하나님께 영광을 돌리는 일입니다. 그러나 예수님의 죽음을 예표 하는 것은 제한된 시간 안에 반드시 이루어져야 할 일임을 말씀하신 것입니다.

최근 한 매체를 통해 예비 신혼부부에 대한 감동적인 기사를 읽었습니다. 그것은 결혼은 하되 결혼식은 치루지 않고 그 비용을 이웃을 위하여 기부한다는 내용이었습니다. 처음에는 이 젊은 부부의 마음이 아름답다고 생각되었고 대견한 마음조차 들었습니다. 그런데 이 세대의 결혼에 대한 인식을 다시 한번 생각하고 나니 조금 아쉬웠습니다. 이웃에 대한 나눔과 관심도 좋지만 결혼 자체에 대한 가치와 소중함을 나타내는 결혼식이 외면

받는 느낌이 들었습니다. 미국에서 학위과정 중에 한 실험실 동료와 나눈 이야기가 기억에 남습니다. 결혼한 지 얼마 안 되는 그의 손가락에 매우 작은 결혼 반지가 끼워져 있었습니다. 전에 못 본 작은 사이즈의 반지를 보고 나는 호기심이 생겼습니다. 서로 격의 없던 친구라 그 이유를 스스럼없이 물어보았는데, 전혀 예상하지 못한 답을 들었습니다. "어차피 금방 헤어질 텐데 큰 반지가 무슨 소용이 있어?" 함께 웃고 넘어갔고 어쩌면 농담이었겠지만, 당시 한국의 결혼 문화로 볼 때에 그 친구의 말은 매우 충격적이었습니다.

    소중한 것에는 그것에 맞는 모양새가 따라오게 되어 있습니다. 본인의 옷은 신경 못 쓰지만 사랑하는 아이들을 위해서는 빈 지갑이라도 털어 가능한 좋은 옷을 입히고자 하는 것이 부모의 마음입니다. 왜 그렇습니까? 부모의 마음에는 아이가 너무나 소중하기 때문입니다. 위 신문 기사의 내용은 '결혼의 가치'와 '나눔의 가치'에 대하여 생각하게 합니다. 나눔의 가치는 당연히 존중받아 마땅합니다. 그러나 결혼의 가치 역시 중요합니다. 이 중요한 가치도 그에 걸맞은 옷을 입어야 합니다. 위 기사 내용은 어쩌면 우리나라 사회에서 결혼의 가치가 상대적으로 낮아졌음에 대한 반증일 수 있습니다. '결혼'의 가치와 '나눔'의 가치는 서로 경쟁하는 가치가 아니라 양립하는 관계에 있는 것입니다.

    두 가치 중에 한 가지를 선택하라면서 예수님을 시험한 사람들이 있었습니다. 바리새인들이었습니다. 이들의 시험에 대한 예수님의 대답은 우리에게 많은 교훈을 줍니다. 그들은 예수님을 올무에 걸리게 하고자 가이사에게 세금을 바치는 것이 옳은 것인지 그렇지 않은 것인지에 대해서 예수님에게 질문합니다. 두 가지 선택에서 하나는 맞고 다른 하나는 틀리다는 논리를 들이대면서 예수님을 시험하는 장면입니다.

> 이에 바리새인들이 가서 어떻게 하면 예수를 말의 올무에 걸리게 할까 상의하고 자기 제자들을 헤롯 당원들과 함께 예수께 보내어 말하되 선생님이여 우리가 아노니 당신은 참되시고 진리로 하나님의 도를 가르치시며 아무도 꺼리는 일이 없으시니 이는 사람을 외모로 보지 아니하심이니이다 그러면 당신의 생각에는 어떠한지 우리에게 이르소서 가이사에게 세금을 바치는 것이 옳으니이까 옳지 아니하니이까 하니 마 22:15-17

예수님이 만일 세금을 내는 것이 옳다 하면 유대인들에게 문제가 될 것이고, 그렇지 않다 하면 로마 당국의 심기를 건드리는 것입니다. 예수님은 그들의 악한 동기를 아시고 외식하는 자들이라며 꾸짖으셨습니다. 그리고 예수님은 그들에게 세금 낼 데나리온 하나를 가져 오라 하셨고 동전을 보며 이렇게 말씀하셨습니다.

예수께서 말씀하시되 이 형상과 이 글이 누구의 것이냐 이르되 가이

> 사의 것이니이다 이에 이르시되 그런즉 가이사의 것은 가이사에게, 하나님의 것은 하나님께 바치라 하시니 마 22:20-21

정말 통쾌하지 않습니까? 예수님은 두 가치를 분리하지 않으셨습니다. 세금을 내는 것도 그리고 하나님께 바치는 것도 모두가 하나님이 기뻐하시는 일입니다. 우리가 항상 기도해야 할 제목은 시간의 흐름 속에서 우선 순위를 결정할 수 있는 현명한 지혜입니다. 현대 사회에서 사탄은 이런 질문을 끊임없이 그리스도인에게 던집니다. '과학과 하나님 중 무엇을 택하겠는가?' '행복과 하나님 중 무엇을 택하겠는가?' '사회적 나눔과 하나님 중 무엇을 택하겠는가?' '가정과 하나님 중 무엇을 택하겠는가?' '교회 일과 직장일 중 무엇을 택하겠는가?' 우리는 이러한 질문들이 과학, 행복, 사회적 나눔, 가정 등 모든 가치 영역을 하나님으로부터 분리하려는 불순한 사탄의 계략임을 인지하여야 합니다. 이런 좋은 가치들은 하나님과 분리되지 않습니다. 하나님의 영광 안에 모두 포함될 영역들입니다. 모든 영역의 주인은 하나님이시며 하나님은 이 모든 영역을 통하여 우리가 하나님께 영광 돌리기를 원하십니다.

생각해 봅시다

1] 자주 접하는 미디어나 대중 매체가 있습니까? 그 매체가 나에게 주는 무의식적인 영향력에 대하여 어떻게 생각합니까? '나의 생활 속에서 스크루테이프의 편지'에 소개되는 감각적 경험의 흐름이 있는지를 생각하고 나누어 봅시다

2] 성경과 일반적인 세상에서의 가치 기준은 무엇입니까? 그들의 차이는 무엇입니까? 내가 삶에서 중요하다고 생각하는 것들을 열거해 보고 그 중요성의 근거가 무엇인지 고찰해 봅시다.

9장

잃어버린 영역주권 되찾아오기 III _ 행복과 기쁨

희생을 통해 얻는 행복의 가치

고등학교 시절 교회 목사님의 선교사 파송 예배에 참석한 적이 있습니다. 지금 기억으로는 동남아시아의 위험한 오지로 파송받으셨고 파송 예배의 분위기는 매우 무거웠습니다. 목사님의 신변과 목숨마저도 위협받는 선교지 환경으로 이해하였기 때문에 예배에 참석한 사람들은 모두 간절히 목사님의 안전을 위해 기도했습니다. 그러던 어느 해엔가 목사님이 한국에 잠시 쉼을 위해 들르셨습니다. 오랜만에 만난 목사님은 생각보다 힘들어 보이는 얼굴이 아니었습니다. 오히려 편안해 보였습니다. 그 이후에도 목사님은 선교지에서 건강하게 생활하셨습니다. 그토록 걱정했던 신변의 어려움은 전혀 없었습니다. 어린 마음에, 비록 선교사와 같은 위험한 하나님의 사역을 하더라도 몸이 망가지거나 얼굴이 상할 필요는 없다고 생각했습니다. 당시 선교사로 나간다는 것은 그리스도인으로서 신앙의 정점에 와 있다는 인식이 꽤 있었습니다. 그리고 선교사의 삶을 표현하는 보편적 단어는 '고난'과 '희생'이었습니다. 이러한 인식 가운데 선교사님의 안녕을 목도한다는 것은 묘하면서 신선한 충격이었습니다.

우리는 '기독교에는 행복이나 기쁨이 있습니까?'라는 질문에 대답하여야 합니다. 이 질문은 대단히 중요합니다. 우리는 행복이란 단어가 세속적 인본주의에서 얼마나 중요한 삶의 가치 기준이 되는지 잘 알고 있습니다. 즉 인본주의 세계관에서는 현세에서 개인의 행복이 가장 중요한 삶의 의미로 간주되고 있습니다. 사실 행복은 이 시대의 거의 모든 사람의 깊은 생각에 자리 잡고 있는 견고한 기본 가치관입니다. 그렇다면 성경은 우리의 행복을 포기하라고 가르치는 것입니까? 절대로 그렇지 않습니다. 하나님은 만물을 하나씩 창조하실 때마다 기뻐하셨습니다. 인간을 창조하신 후에는 '심히 좋았더라'고 하시며 기쁨을 숨기지 않으셨습니다. 그분의 형상을 따라 창조한 인간에게 기쁨으로 선포하신 말씀이 바로 복 주시는 말씀이었습니다.

> 하나님이 그들에게 복을 주시며 하나님이 그들에게 이르시되 생육하고 번성하여 땅에 충만하라, 땅을 정복하라, 바다의 물고기와 하늘의 새와 땅에 움직이는 모든 생물을 다스리라 하시니라
> 창 1:28

복을 주는 분이 슬픈 마음으로 복을 줄 수 있습니까? 기쁨으로 축복합니다! 하나님의 형상으로 지음받은 인간은 당연히 기

쁨을 누리는 존재입니다. 하나님이 홍수로 세상을 심판하신 후 새로운 언약을 세우시면서 가장 먼저 하신 말씀도 노아와 그 아들들에게 복을 주신 것입니다(창 9:1). 믿음의 조상 아브라함을 새로운 땅으로 인도하면서 축복하십니다(창 9:2-3). 하나님은 인간이 복을 받으면서 살기를 원하십니다. 신약 성경에도 이러한 행복이나 기쁨에 대하여 여러 번 이야기합니다. 예수님은 우리가 평안을 누리기를 원하십니다(요 16:33). 형제들과 마음을 같이하며 평안하며 평강의 하나님이 우리와 함께하심을 일깨워 주십니다(고후 13:11). 주 안에서 기뻐하라고 명하십니다(빌 3:1). 주 안에서 항상 기뻐함을 거듭 강조합니다(빌 4:4, 살전 5:16-18). 기독교는 행복이나 기쁨을 배제하는 종교가 아니라 오히려 행복의 근원인 하나님으로부터 인간이 복을 받은 존재라고 말합니다. 항상 기뻐하는 것이 하나님의 우리를 향한 뜻임을 분명히 하고 있습니다. 자유가 없는 행복이 존재할까요? 예수를 믿은 유대인들에게 예수님은 그의 말에 거하면 참 제자가 되며 진리를 알면 자유롭게 된다고 가르치십니다(요 8:31-32). 예수님께 나아가는 자는 마음의 쉼을 얻게 됩니다.

> 수고하고 무거운 짐 진 자들아 다 내게로 오라 내가 너희를 쉬게 하리라 나는 마음이 온유하고 겸손하니 나의 멍에를 메고 내게 배우라 그리하면 너희 마음이 쉼을 얻으리니 이는 내 멍에는 쉽고 내 짐은 가벼움이라 하시니라 마 11:27-30

그럼에도 불구하고 성경에는 예수님의 희생을 말하고 있으며 동시에 예수를 따르는 자들의 이타적인 생활 철학을 강조하는 듯한 내용이 많이 보입니다. 어린아이와 같이 자기를 낮추는 사람이 천국에서는 큰 자입니다(마 18:4). 누구든지 자기를 높이는 자는 낮아지고 자기를 낮추는 자는 높아집니다(마 23:12). 자기의 모든 소유를 버리지 아니하면 예수님의 제자가 되지 못한다고 말씀하셨습니다(눅 14:33). 주의 종은 살아도 주를 위하여 살고 죽어도 주를 위하여 죽으므로 사나 죽으나 주의 것이라고 고백합니다(롬 14:7). 오직 겸손한 마음으로 각각 자기보다 남을 낮게 여기라고 하십니다(빌 2:3).

기독교를 희생의 종교라고들 말합니다. 이것은 기독교의 핵심 중 하나인 예수님의 십자가 사건 때문에 그런 것 같습니다. '한 알의 밀이 땅에 떨어져 죽지 아니하면 한 알 그대로 있고 죽으면 많은 열매를 맺는다'라는 말씀이 있습니다(요 12:24). 물론 예수께서 이 말씀을 하신 것은 곧 닥쳐올 예수님의 십자가 사건의 맥락에서 말씀하시는 것이며 한 알의 밀알은 예수님 자신을 가리키신 것입니다. 예수님 자신의 죄가 아니라 인간의 죄를 위한 십자가의 고난이므로 남을 위한 희생이란 개념은 틀린 것이 아닙니다. 예수님 자신이 십자가를 지셨으며 또한 그를 따르는 사람들도 자기 십자가를 지고 따라오라고 하셨습니다.

이에 예수께서 제자들에게 이르시되 누구든지 나를 따라오려거든

> 자기를 부인하고 자기 십자가를 지고 나를 따를 것이니라 누구든지 제 목숨을 구원하고자 하면 잃을 것이요 누구든지 나를 위하여 제 목숨을 잃으면 찾으리라 사람이 만일 온 천하를 얻고도 제 목숨을 잃으면 무엇이 유익하리요 사람이 무엇을 주고 제 목숨과 바꾸겠느냐 마 16:24-26

그런데 이 말씀을 자세히 보면 그리스도인들이 감내해야 할 자기 부인과 십자가를 지는 일은 결국 그리스도인 자신을 위한 것임을 알 수 있습니다. 자신을 위한 것이라는 말에 오해할 필요는 없습니다. 자신의 이익을 위하여 목표를 정하고 성취하기 위하여 노력한다는 뜻이 아닙니다. 결과가 그렇다는 말입니다.

오래 전 학교에서 상급자로 모시는 분께 개인적인 부탁을 드린 적이 있습니다. 감성과 지성을 모두 넉넉하게 소유한 분으로 알고 있었는데, 부탁을 수락해 주어서 고맙다는 내 말에 그분이 이런 말을 한 것이 기억납니다. "나는 나 자신을 위해서 일하는 사람이네." 처음에는 이 말의 뜻을 잘 몰랐습니다. 그리고 왠지 이기적이고 너무 지성적인 말씀을 하신다고 생각했습니다. 그런데 나중에서야 그분의 진의를 알게 되었습니다. '나 자신을 위하는 것'은 그만큼 진지하고 중요한 일입니다. 남의 일이 아니고 자신의 일이므로 주체적인 노력이 들어가며 결과에도 책임을 감수할 수 있습니다.

마태복음 16장에서 자기 부인과 십자가를 지는 일은 결국 그리스도인 자신이 능동적으로 결정할 문제이며 그 결과의 책임도 본인이 지는 것입니다. '제 목숨을 잃으면 찾으리라'는 말씀에서 보듯, 찾는 결과가 있기 때문에 버리는 것입니다. 결과가 없는데 그냥 목숨을 버리는 것만큼 어리석은 일은 없습니다. 영혼은 온 천하를 다 주고라도 바꿀 정도로 귀중한 것이므로 목숨만큼 소중하게 여기는 천하의 모든 것을 주고라도 받아야 할 정도로 귀중한 것인지를 꼼꼼히 따져 보라는 것입니다. 영혼 구원을 인간이 결정할 수 있다는 말이 아닙니다. 구원을 받은 그리스도인은 누구나 우리의 구원은 전적인 하나님의 은혜임을 알고 있습니다. 그 은혜 앞에 아무 말도 못하고 감사의 눈물로 사랑을 표현합니다. 그러나 인생을 걸고 그리스도인이 되겠다고 결정했다면 기독교가 무엇인지에 대하여 분명히 알고 믿어야 합니다. 기독교를 지성으로만 믿는다는 뜻도 아닙니다. 지성이든 경험이든 믿는다는 것은 흔들리지 않는 확신과 신념에 기반하여야 합니다.

　우리는 일상 생활에 필요한 간단한 물건도 그 물건에 대하여 생각해 보고 구입합니다. 그런데 인생을 결정하는 신앙생활의 근거가 무엇인지 생각도 안 해보고 결정할 수는 없습니다. 무의미한 희생을 하는 사람은 불쌍한 사람입니다. 본인은 목숨을 던졌는데 그 희생에 따르는 결과가 선하지도 않고, 의미도 없다면 얼마나 마음이 아픕니까? 분명 기독교는 희생과 이타적인 종교가 맞습니다. 그러나 기독교에서 희생이란 덧없는 희생이 아닙니다. 그것은 다른 가치를 담보로 하는 희생입니다. 그리고 그 희생은 매우 자발적이며 능동적입니다. 그 희생의 결과물이 너무 귀하여 오히려 기쁨으로 감당하게 됩니다.

우리 부부는 이제 성년이 된 아들의 어린 시절을 가끔 회상하며 다시는 오지 않을 그때를 너무나 그리워합니다. 그런데 그 시절을 돌이켜보면 결코 쉽지 않은 시기였습니다. 아내와 미국에서 함께 학위과정을 밟으면서 아들을 키우는 우리는 항상 잠이 부족했습니다. 우리를 걱정하셨던 부모님이 한국으로 아들을 데려가기로 하고 미국에 오셨습니다. 그리고 생후 2주 된 갓난 아들의 사진을 찍고 여권을 만들었습니다. 그런데 한국으로 보내기 며칠 전에 우리는 이 계획을 전면 취소했습니다. 갓난 아들과 도저히 헤어질 수가 없었기 때문입니다. 그리고 그 아들과 함께 고생을 감내하기로 결심했습니다. 지금 생각하면 어린 나이의 부모로서 정말 잘한 결정이었습니다.

당시에 찍은 사진을 보면 우리 부부는 언제나 초췌한 모습을 하고 있습니다. 그런데 그런 모습 속에서 아들과 함께하는 우리의 눈가는 진정한 행복을 머금고 있습니다. 그 행복과 보람은 어떤 고생을 하더라도 포기할 수 없는 기쁨입니다. 남들이 보기에는 고생과 희생이라도 본인들에게는 행복과 보람이 되는 경험이 있는 법입니다. 지나고 나면 입가에는 웃음과 마음에는 진한 그리움이 번지는 그런 희생이 있습니다. 목표를 설정하고 집중하여 그 목표를 이루는 차원의 희생이 결코 아닙니다. 목표를 생각하고 계산하면 결코 감당할 수 없는 것이 자식을 키우는 과정입니다. 그 임무가 너무나 당연하고 마땅하여 고생이라 생각할 겨를이 없습니다. 아들이 자라는 모습을 볼 때의 그 행복감이 너무나 소중하므로 그런 고생은 지금 다시 오더라도 또 감당할 수 있을 것 같습니다. 그리고 그때가 과거의 추억으로 남았을 때에는 어디서 찾을 수 없는 큰 행복을 부모에게 선물로 주고 잘 자라준 자식에게 고마움만 남습니다. 고생의 흔적은 다 잊어버리고 이제 남아 있지도 않습니다.

십자가 위에서조차 기쁨을 말씀하신 예수님

2025년 5월 25일, 테니스 세계 4대 메이저 경기 중 하나인 프랑스오픈(롤랑 가로스)의 첫날 메인 코트에서는 아주 특별한 이벤트가 하나 있었습니다. 이 대회에서만 무려 14회 우승을 기록한 스페인의 전설적 테니스 영웅인 라파엘 나달(Rafael Nadal)의 고별식이었습니다. 나달은 23년간의 선수 생활 중 총 92회의 우승을 차지했습니다. 전무후무한 기록을 기념하기 위하여 이 대회는 그의 동상을 건립하였고, 그의 발자국을 새긴 명판을 메인 코트에 영구히 새겨 놓았습니다. 클레이 코트에서의 경기는 하드코트나 잔디 코트에 비하여 엄청난 체력과 끈기가 요구됩니다. 클레이 표면에서는 공의 에너지가 다른 코트에 비하여 상대적으로 많이 흡수되어 바운드 후에 볼의 속도가 느려지고 이는 공을 받는 선수가 리턴할 시간적 여유를 제공합니다. 따라서 선수 간의 랠리가 길어지곤 합니다. 또한 공의 바운드가 심한 편이라 공을 받는 선수들은 높은 위치의 볼을 처리하느라 많은 체력을 소모합니다. 오죽하면 프랑스오픈의 메인 코트인 필립 샤트리에 스테디움 중간에 이런 글귀가 새겨져 있겠습니까? "승리는 가장 끈기 있는 자에게 돌아간다(Victory belongs to the most tenacious)."

성대하고 감동적인 고별식 후에 열린 기자회견에서 한 기자가 클레이 코트의 특성과 가장 잘 어울리는 질문을 나달에게 던졌습니다. "최고가 되기까지 그리고 최고를 오랫동안 유지하기까지의 많은 희생이 필요하다는 것을 당신이 가장 잘 알 것입니다. 그런 프로가 되기 위해 많은 것을 포기해야 하는데, 그런데도 당신 아들이 테니스를 비롯한 다른 스포츠 운동선수가 된다면 당신은 좋아하겠습니까?" 이 흥미로운 질문에 나달은 매우 진지하고 담담하게 이렇게 대답했습니다.

"내 아들이 만일 내가 걸어왔던 테니스 선수로서의 길을 걷는다면 물론 좋아할 것입니다. 당신이 프로 테니스 선수의 길을 걸어가기 위한 많은 희생을 말했지만, 나는 단 한 번도 결코 내가 희생한다고 느껴 본 적이 없었습니다. 프로 선수가 되기 위해서 내 인생의 어느 부분을 잃었다고는 생각하지 않습니다. 만일 내가 원하는 것을 지금 하고 있다면 그 시간에 나는 희생하는 것이 아닙니다 물론 열심히 연습해야 하며 최선을 다해 밀어붙여야 하지만 그것은 내가 원하는 것이므로 희생이 아닙니다. 내 아들이 내가 느낀 것을 똑같이 느끼게 된다면 나는 내 아이가 테니스 선수가 되는 것을 지원할 것입니다."

'본인이 원하는 것을 한다면 그것은 희생이 아니다'라는 이 한마디가 듣는 우리에게 감동적인 이유는 무엇일까요? 그것은 엄청난 훈련과 투지로 23년간 세계 테니스계를 주름잡던 나달의 말이기 때문입니다. 그는 모든 사람이 생각하는 최고를 위한 희생과 훈련의 상징이기 때문입니다. 행복에 대하여 말할 수 있는 자격은 실제로 모진 희생을 경험한 사람이어야 합니다.

사람들이 기독교를 희생의 종교라 생각하게 만드는 십자가 사건을 생각해 봅시다. 십자가를 지신 예수께서 희생의 과정 중에 무슨 말씀을 하셨는지 아십니까? 놀랍게도 '기쁨'을 말씀하셨습니다. 그의 마음에 있는 기쁨을 숨기지 않으셨습니다. 그 기쁨이 넘치고 넘쳐서 예수를 믿는 자들이 충만하게 가지기를 원하실 정도였습니다. 다른 사람의 말이 아니라 지금 가장 모진 십자가의 형벌을 목전에 둔 당사자의 말입니다. 가장 모진 훈련을 이겨낸 테니스의 레전드가 행복에 대하여 이야기할 때에 권위와 존경이 느껴지듯이 가장 큰 멸시와 고난을 경험하시며 기쁨을 말씀하시는 예수님 앞에 우리는 할 말을 잃습니다.

> 지금 내가 아버지께로 가오니 내가 세상에서 이 말을 하옵는 것은 그들로 내 기쁨을 그들 안에 충만히 가지게 하려 함이니이다 요 17:13

도대체 십자가에 비참하게 달리실 본인의 운명을 아시는 예수님에게 어떻게 기쁨이 있단 말입니까? 더욱이 그 기쁨이 그를 믿는 사람들에게 충만하게 임하도록 하나님께 기도하고 있습니다. 예수님의 기쁨의 원천은 무엇입니까? 그것은 예수님 자신의 죽음을 통하여 '하나님이 세상을 사랑하신 것이 세상에 알려지는 것'입니다(요 17:23). 예수님이 하나님으로부터 받은 가슴 벅찬 영광을 그의 백성들도 보게 됨을 아셨기 때문입니다(요 17:24). 이것이 예수님이 십자가의 고난과 희생을 목전에 두고도 기쁨이 넘치셨던 이유입니다. 예수님의 희생에는 이유와 결과가 없습니까? 아닙니다. 분명한 이유와 결과가 있었습니다. 그 희생의 이유는 사랑이었으며 결과는 우리가 하나님의 영광을 보는 것입니다. 그리스도의 희생을 통하여 우리가 하나님의 영광에 참여하는 자로 거듭남을 바울은 에베소서에서 이렇게 기록하고 있습니다.

찬송하리로다 하나님 곧 우리 주 예수 그리스도의 아버지께서 그리스도 안에서 하늘에 속한 모든 신령한 복을 우리에게 주시되 곧 창세 전에 그리스도 안에서 우리를 택하사 우리로 사랑 안에서 그 앞에 거룩하고 흠이 없게 하시려고 그 기쁘신 뜻대로 우리를 예정하사 예수 그리스도로 말미암아 자기의 아들들이 되게 하셨으니 이는 그가 사랑하시는 자 안에서 우리에게 거저 주시는 바 그의 은혜의 영광을 찬송하게 하려는 것이라 엡 1:3-6

이것이 예수님이 십자가에 달리심을 목전에 두고도 기뻐하실 수 있었던 이유입니다. 기독교에서의 희생은 유의미한 고생이요 행복한 고생입니다. 그 희생을 희생으로 생각하지 못할 정도로 큰 기쁨이 존재합니다. 희생의 종교라는 기독교에 과연 행복이 존재합니까? 그렇습니다. 분명히 존재합니다. 그리스도인은 예수님이 기쁨으로 치룬 값진 희생을 통하여 지금부터 영원까지 행복을 누리는 자들입니다. 그리고 예수를 본받아 또 다른 사람의 영원한 행복을 위하여 기쁨으로 그 희생을 감내하는 자들입니다.

아들이 초등학생 3학년 때의 일입니다. 내가 사준 건빵이 맛있었는지 차에서 아들은 건빵을 봉지째로 열심히 먹었습니다. 그런데 내가 그 건빵을 한두 개 먹었더니 아들이 서럽게 울기 시작했습니다. 어떠한 말로도 아들을 달랠 수가 없었습니다. 방법을 궁리하다가 옆 슈퍼마켓 앞에 차를 세웠습니다. 그리고 내 지갑에 있는 모든 현금을 털어서 아들에게 주고 그 돈으로 모두 건빵을 사 오라고 했습니다. 내 말을 듣고 아들은 울음을 잠시 멈추어 가게로 들어갔고, 잠시 후에 차로 돌아온 아들의 품에는 방금 산 건빵 봉지가 한아름 안겨 있었습니다. 물론 아들의 울음은 온데간데 없어졌습니다. 그때 느낀 것이 한 가지 있었습니다. 사람은 결국 무엇인가 채워져야 행복하다는 사실입니다. 그런데 그 행복감을 무엇으로 채우느냐가 중요합니다. 그리스도인은 행복한 존재들입니다. 그런데 그 행복의 기준과 내용의 차원이 세상과 다르다는 것입니다.

　십자가의 고난을 기쁨과 영광의 길로 인정할 수 있는 그리스도인들은 이제 눈을 들어 만유의 주인이신 창조주 하나님을 아버지라 부를 수 있습니다. 창조주 아버지와 아들의 새로운 관계가 설정된 그리스도인은 이제 다음과 같은 새로운 차원의 행복을 소유하게 됩니다.

　온 우주 만물에 깃들인 아버지 하나님의 지혜, 사랑, 보호하심을 보고 느끼는 행복이 있습니다. 그리스도인은 밤하늘의 우주를 볼 때마다 그 광활한 우주의 크기만큼 큰 창조주 하나님의 능력과 사랑을 생각합니다. 롤러코스터와 같이 움직이는 우주의 수많은 별의 역동성과 그것을 지배하는 고요함으로부터 아들의 평안을 지켜 주는 아버지의 큰 손을 바라봅니다.

　세상에서 살아갈 때 필요한 것들을 채우기 위하여 아버지 하나님이 주신 여러 능력을 마음껏 발휘하는 행복이 있습니다. 최선을 다하여 주신 달란트를 발전시키고 그 과정에서 성취감과 만족감을 누리는 행복을 주셨습니다. 능력뿐 아니라 아름다움을 느끼고 표현하며 사람들을 이해하며 배우는 행복을 주셨습니다. 운동의 기쁨과 하나님이 주신 몸을 아름답고 건강하게 가꾸는 행복을 주셨습니다.

　받는 것을 누리지만 주는 것이 받는 것보다 더 복되다는 것을 체험하는 행복이 있습니다. 오직 하나님만 아시는 비밀스러운 행복이기도 합니다. 겸손함이 교만함보다 마음을 더욱 풍요롭게 하는 것을 압니다. 하나님이 기뻐하시는 일을 사람들도 기뻐할 수 있음을 압니다.

작은 영역이라도 하나님의 나라가 그 속에서 이루어지는 것을 느끼는 행복이 있습니다. 어떤 세상의 학교에서도 가르쳐 주지 않는 성경에서만 가르쳐 주는 행복의 비결을 알고 있습니다. 복음의 비밀을 공유한 사람들과 함께 시간을 보내며 각자에게 나타난 하나님의 은혜를 나누는 행복도 있습니다. 어려움을 함께 기도함으로 서로에게 위로와 힘이 됩니다. 이 복음의 비밀을 세상에 때로는 조심스럽게 혹은 담대하게 전합니다. 그리고 이를 너무나 기뻐하시는 하나님의 마음을 느끼며 희열을 누립니다.

어떠한 어려움도 호소하고 해결을 부탁할 수 있는 아버지 하나님의 존재로 인하여 행복하며 하나님의 음성이 있는 성경이 있음으로 행복합니다. 세상에서 통용되는 일반적인 법칙을 뛰어넘는 기적의 손길도 마땅히 아들로서 부탁할 수 있는 특권을 누립니다. 이것은 창조주 하나님을 아버지로 둔 특별한 관계에서만 가능합니다. 내 부탁이 잘못된 것이어서 기적이 일어나지 않아도 개의치 않습니다. 어차피 아버지 하나님은 아들의 필요를 아들보다 더 잘 알고 계시기 때문입니다. 인생의 마지막에 마주하는 거대한 죽음의 그림자가 두렵지 않습니다. 영광의 새로운 날이므로 죽음을 앞두고 담대하고 평안할 수 있습니다.

이제 우리는 1부에서 살펴본 세속적 인본주의자들이 목청을 높여 부르짖는 그들의 행복과 기독교에서의 행복을 비교, 정리할 수 있을 것입니다. 라일 심슨의 행복은 여기(here), 지금(now), 나(me)의 행복으로 대표된다고 했습니다. 이에 대한 인본주의와 기독교의 세계관의 차이는 명확합니다. 기독교는 여기가 아니라 'here&there(거기)'입니다. 우리는 세상에서 살아가지만, 죽음과 심판 후에 임할 영원한 하나님의 나라에서의 행복을 소망하는 사람들입니다. 기독교는 지금과 현세가 아니라 'now&then(그때)&forever(영원히)'임을 믿습니다. 현세의 시간도 하나님이 허락하신 중요한 때이지만, 우리에게는 죽음 이후 심판과 함께 임할 영광의 영원한 시간에서의 행복을 믿습니다. 인본주의는 내 행복이 강조되지만, 우리는 'me&you(이웃)'의 행복을 생각합니다. 예수님이 죄인인 우리(you)에게 찾아와 주셔서 죽으시기까지 사랑을 보여 주신 것처럼, 그리스도인인 우리도 하나님과 이웃과 원수마저도 사랑하며 그들의 행복도 나의 행복처럼 중요하게 생각해야 합니다. 이런 모든 그리스도인의 가치관은 성경에서 소개되는 창조주의 본질에 대한 믿음과 그 창조주와의 인격적 관계에서부터 나오는 것입니다.

생각해 봅시다

1] 세속적 인본주의에서 추구하는 행복은 어떤 것입니까? 세속적 인본주의자들이나 비그리스도인이 '그리스도인으로서 행복하냐'라고 질문한다면 어떻게 대답하겠습니까?

2] 예수님이 십자가 처형을 목전에 두시고도 기뻐하신 이유는 무엇일까요? 오늘의 삶에서 내가 기뻐했던 경험을 기억해 보고 그 기쁨의 이유는 무엇이었는지 생각해 봅시다.

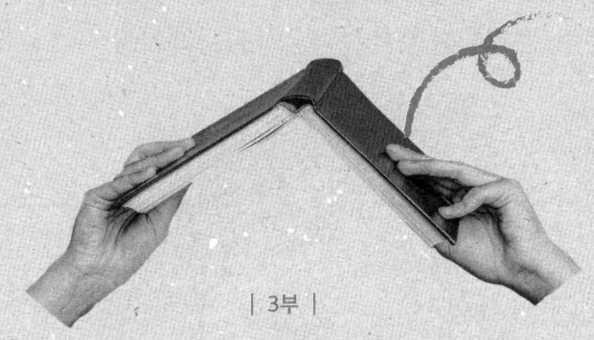

| 3부 |

넘치는 은총으로
세상에 들어가기

10장

일반은총, 전 인류를 향한 하나님의 질서와 사랑

하나님의 주권과 인간의 책임

그리스도인은 이 세상에서 하나님 주권에 순종하고 인정해야 하지만, 그에 못지않게 하나님은 인간의 책임을 요구하십니다. 하나님은 우리가 이 둘 사이에서 완전한 하모니를 이루기를 원하십니다. 그러기 위해서 그리스도인은 이 세상에서 신앙인으로서 살아가는 성경적 지혜를 고찰해야 합니다.

장 칼뱅은 《기독교 강요》에서 하나님을 아는 방법을 두 가지로 설명하였습니다. 첫째는 성경을 통한 방법이며 또 다른 한 가지는 만물의 활동을 통하여 하나님을 알아 가는 방법입니다. 하나님은 성경을 통해서 그가 누구인지를 인간에게 알려 주셨고 인간의 존재가 무엇인지도 창조주로서 인간에게 말씀해 주셨습니다. 인간의 죄와 그로 인한 예수 그리스도의 구원 사역에 흐르는 특별한 하나님의 계획과 은혜를 성경은 가르치고 있습니다. 반면, 하나님은 만물의 창조주로서 세상을 다스리고 계시며 그의 의지와 계획과 다스림 없이 이루어지는 일은 세상에 존재하지 않습니다. 따라서 만물의 활동에는 그의 속성과 신성이 나타나 있으며 우리는 원래 만물의 활동을 통하여 그를 알 수 있게 되어 있습니다.

> 창세로부터 그의 보이지 아니하는 것들 곧 그의 영원하신 능력과 신성이 그가 만드신 만물에 분명히 보여 알려졌나니 그러므로 그들이 핑계하지 못할지니라 롬 1:20

그리스도인들이 자주 오해하는 것 중 한 가지는 '하나님은 구원받은 자들에게만 하나님이 되신다'라고 생각하는 것입니다. 그렇지 않습니다. 하나님은 믿는 사람들만 아니라 여전히 믿지 않는 사람들의 주인이신데, 그 근거는 구원받은 자와 그렇지 않은 자 구분 없이 모든 사람이 죄인일 때에 하나님이 친히 모든 인간에게 찾아와 주셨기 때문입니다(롬 5:8). 물론 하나님은 그의 백성을 구하십니다. 그러나 하나님이 어떤 사람을 구원하실지는 전적인 하나님 주권의 영역입니다. 인간은 하나님의 백성이 누구인지 전혀 모른다는 뜻입니다. 교회 밖 수많은 사람 중에 누가 나중에 하나님의 백성으로 돌아오게 될지 우리는 모릅니다. 예수님이 죄인들을 먼저 찾아와 주신 것처럼 그들을 찾아가 주실 것입니다. 그러므로 우리는 아직 안 믿는 모든 사람을 하나님이 사랑하시는 대상으로 인식하는 것이 맞습니다. 무엇보다도 하나님의 사랑을 경험한 사람이라면 세상의 믿지 않는 사람을 향해 하나님의 안타까운 심정을 갖게 되어 있습니다. 그 심정으로 전도에 힘쓰는 것은 인간의 책임이기도 합니다. 전도는 '하나님의 주권'과 '인간의 책임'이 함께 어우러지는 협력 사역입니다. 하나님은 교회 안에 있는 아흔아홉 마리의 양을 사랑하시지만, 그의 마음은 여전히 아직 그에게 돌아오지 않는 한 마리의 양에게 있습니다.

하나님이 만물의 주권자시라면, 그의 영향력과 통치권은 교회 안이나 그리스도인의 삶 영역에만 머무르는 것이 아니라 교회 밖 모든 세상에도 미치는 것이어야 합니다. 창조주를 아버지로 모시고 있는 사람들에게 이 사실은 매우 도전적인 주제를 던집니다. 앞서 살펴본 영역 주권에서 우리가 인지했듯이 하나님은 교회 내에서만 아니라 세상 모든 영역에서 영광을 받으셔야 하기 때문입니다(마 5:16). 그런데 믿는 자와 아직 그렇지 않은 모든 사람으로부터 영광을 받으시는 하나님은 또한 모든 사람에게 은혜를 내리십니다. 가뭄을 해갈하는 단비는 믿는 자와 믿지 않는 자를 구분하지 않고 모든 이에게 주시는 하나님의 은혜입니다. 지금도 역사하시는 하나님의 모든 인간에 대한 끝없는 사랑과 다스리심은 풍성하며 완벽하십니다. 이는 성경에도 잘 나타나 있습니다.

> 이는 하나님이 그 해를 악인과 선인에게 비취게 하시며 비를 의로운 자와 불의한 자에게 내리우심이니라 마 5:45

일반은총(Common Grace)이란 하나님을 믿는 그의 백성만 아니라 그를 믿지 않는 모든 사람에게 미치는 하나님의 보편적 은혜를 말합니다. 반면 특별은총(Special Grace)이란 그리스도를 믿음으로 구원에 이르는 축복을 말합니다. 따라서 이 특별은총은 모든 사람에게 주어지는 것이 아니라 그의 선택을 받은 백성에게만 주어지는 특별한 은혜입니다.

일반은총의 뿌리

일반은총은 다른 말로 일반은혜, 공통은혜, 공통은총이라고도 번역합니다. 일반은총의 개념은 장 칼뱅이 가르쳤으며, 17세기의 대부분 개혁주의 신학자들도 이에 관한 내용을 신학교에서 다루었다고 알려져 있습니다. 일반은총의 개념은 지식에 그치는 신앙이 아니라 '삶의 신학'을 매우 큰 특징으로 하는 개혁주의 신학과 맥을 같이 하므로, 일반은총에 대한 가르침이 15세기 종교개혁 이후 개혁주의 신학에서 계승되고 발전된 것은 어쩌면 너무나 당연하다 할 수 있습니다.

개혁주의는 하나님이 성경을 통하여 알려 주신 교리가 성도들의 삶 속에서 실현되는 것을 매우 중요한 요소로서 생각합니다. 하나님에 대한 지식은 지식에 그치는 것이 아니라 그리스도인 개인과 가정과 일터 등의 모든 삶에 적용되어야 한다는 것입니다. 일반은총론의 사상은 19세기 말부터 20세기 초까지 동시대 네덜란드 신학자인 헤르만 바빙크와 아브라함 카이퍼에 이르러 더욱 체계화됩니다. 헤르만 바빙크는 1894년 12월 6일 그가 몸담았던 캄펜신학교(Theologische Universiteit Kampen) 교장 퇴임식에서 '일반은총'을 주제로 특강하였습니다. 또한 1909년 프린스턴 신학리뷰 저널에 "칼뱅과 일반은총"이라는 제목의 논문을 게재하고 칼뱅의 일반은총론의 근거와 뿌리가 성경임을 피력하였습니다. 특별히 아브라함 카이퍼는 사상적 혼란기였던 당시의 시대적 상황을 통찰함으로 일반은총 사상이 교회와 그리스도인에게서 더욱 체험적으로 전파되기를 원했던 것으로 보입니다. 또 그 자신이 그런 체험적 삶을 살았습니다. 일반은총론의 성경적 근거는 창세기 8장의 노아의 홍수 이후 하나님이 노아와 맺은 소위 '노아 언약'에서 찾을 수 있습니다.

> 여호와께서 그 향기를 받으시고 그 중심에 이르시되 내가 다시는 사람으로 말미암아 땅을 저주하지 아니하리니 이는 사람의 마음이 계획하는 바가 어려서부터 악함이라 내가 전에 행한 것 같이 모든 생물을 다시 멸하지 아니하리니 땅이 있을 동안에는 심음과 거둠과 추위와 더위와 여름과 겨울과 낮과 밤이 쉬지 아니하리라
> 창 8:21-22

하나님은 이 노아의 언약을 구원받은 그의 백성만이 아니라 믿지 않는 모든 사람을 포함한 모든 인류와 모든 만물을 대상으로 맺으십니다.

하나님이 보편적으로 베푸시는 일반은총은 보이는 것과 보이지 않는 모든 영역으로 광범위하게 펼쳐져 있습니다. 일반은총이 모든 사람에게 공통적으로 주어지는 은혜인 만큼 하나님을 믿지 않는 사람들은 그 존재를 아주 당연한 것으로 여기거나 자연적으로 주어진 것으로 생각합니다. 그러나 창조주 하나님을 믿는 그리스도인들은 이러한 일반은총마저도 하나님의 특별한 은혜요 섭리임을 알고 있습니다. 그 안에서 하나님의 섬세한 보살피심과 설계와 사랑을 생각하게 되는 것입니다. 그리스도인은 일반은총도 하나님의 특별한 은혜임을 압니다. 일반은총의 다양한 영역들을 살펴봅시다.

일반은총의 범위

문화와 예술의 분야에서 하나님은 구원에 이르는 통로가 되는 믿음과 상관없이 일반적인 인간에게 특별한 재능을 주십니다. 창의성이라 표현해도 괜찮을 것 같습니다. 골프나 테니스 같은 구기종목에서 최고의 경지에 오른 이들의 경기 모습을 보면서 사람들이 한결같이 '예술'이라고 표현합니다. 격한 운동에도 불구하고 그들의 경기 모습과 자세 하나하나가 부드럽고 우아하며 질서와 균형의 아름다운 조화로 채워져 있기 때문입니다. 프로 운동선수들의 고된 훈련으로 빚어지는 최고의 운동감각을 관람하면서 우리가 '예술'이나 '신의 경지에 올랐다'고 표현하는 것은 직간접적으로 탁월한 재능의 원천이 하나님임을 가리키는 것입니다. 이런 재능의 여부는 비그리스도인이든 그리스도인이든 상관이 없습니다.

결혼식장에서 가장 많이 연주되는 곡 중의 하나가 "사랑의 인사(Salut d'amour)"입니다. 이 감미로운 노래는 영국의 작곡가 에드워드 엘가(Sir Edward Elgar)가 그의 사랑하는 연인인 캐롤라인 앨리스를 위하여 만든 걸작품입니다. 이 곡은 우리가 많은 찬송가의 작사나 작곡의 배경에서 흔히 볼 수 있는 하나님에 대한 은혜나 간증의 결과물이 아닙니다. 하나님을 찬양하려는 의도로 만든 곡이나 작사도 아닙니다. 그런데도 이 곡은 종교를 넘어 많은 사람에게 큰 기쁨과 감동을 줍니다. 이처럼 하나님을 찬양하는 곡이 아니어도 감동과 기쁨을 주는 음악이 있습니다.

그리스도인들은 가끔 '거룩한 하나님의 일'과 '타락한 세상의 일'을 너무 쉽게 구분합니다. 그리고 많은 경우 하나님의 일을 교회의 일로 동일시합니다. 이러한 구분은 일의 영역만이 아니라 감성과 정서의 영역에서도 동일하게 적용합니다. 사람들이 에드워드 엘가의 '사랑의 인사'를 들으면서 아름다운 감정과 기쁨을 느낄 때에 창조주 하나님의 마음은 어떨까요? 당연히 기뻐하실 것입니다. 왜냐하면 아름다운 곡을 만드는 창작성과 그 곡을 들었을 때 아름다움을 느낄 수 있는 감성은 하나님이 모든 인류에게 허락하신 선물이기 때문입니다. 물론 우리에게는 항상 균형의 지혜가 필요합니다. 그리스도인은 비록 교회의 찬양대가 부르는 노래가 아니더라도 아름다운 곡조를 들으며 하나님을 찬양할 수 있습니다.

하나님은 인간에게 문화를 발전시킬 수 있도록 예술적 창의성을 주셨습니다. 하나님은 심지어 저주받은 가인의 후손들에게 예술적 재능을 선물로 주셨습니다.

> 그의 아우의 이름은 유발이니 그는 수금과 퉁소를 잡는 모든 자의 조상이 되었으며 창 4:21

살인자 가인의 후손을 일반은총으로 선대하신 하나님의 선하심과 자비하심은 심지어 그 만물의 창조주를 부정하고 외면하는 무신론자들에게도 지금까지 한결같이 주어집니다. 그러므로 이것이 은혜입니다.

각자의 재능뿐 아니라 하나님은 자연 만물이라는 선물을 인간 모두에게 허락하셨습니다. 그리고 자연을 그분의 뜻대로 철저하게 다스리면서 보호하십니다. 또한 인간에게 그 자연 만물을 다스릴 수 있는 지혜를 주신 분이 하나님입니다. 창세기에서는 하나님이 모든 만물을 창조하시고 인간을 창조하신 후 다른 피조물에게는 주어지지 않는 특별한 명령을 하십니다. 그것은 자연 만물을 정복하라고 하는 명령입니다. 이러한 명령을 이루기 위하여 반드시 필요한 것은 지혜입니다. 하나님은 인간 모두에게 자연 만물과 함께 그것들을 다스릴 수 있는 지혜도 함께 주셨습니다.

> 하나님이 자기 형상 곧 하나님의 형상대로 사람을 창조하시되 남자와 여자를 창조하시고 하나님이 그들에게 복을 주시며 하나님이 그들에게 이르시되 생육하고 번성하여 땅에 충만하라, 땅을 정복하라, 바다의 물고기와 하늘의 새와 땅에 움직이는 모든 생물을 다스리라 하시니라 창 1:27-28

사람들은 일상생활의 흐름 속에서 본질적인 주제가 되는 창조주에 대하여 잊고 삽니다. 현대의 바쁜 일상생활은 이러한 본질에 대한 무감각성을 더욱 가속화합니다. 아침에 일어나 급하게 샌드위치로 아침을 때우면서 진정으로 감사를 받으실 하나님은 잊은 채 대신에 스타벅스 직원에게만 고맙다고 인사합니다. 샌드위치는 분명 카페 직원이 만들었으나 시간을 조금 갖고 그것을 바라보면 그 안에 있는 소중한 재료들이 보이기 시작합니다. 그 빵의 원재료인 밀과 야채와 계란은 아무리 노력해도 절대 그 직원이 직접 만들 수 없습니다.

옛날에는 그나마 자연을 쉽게 직접 대할 수 있는 주변 환경이 많았습니다. 인공조명이 없었던 옛날, 사람들은 밤하늘에 뜬 밝은 달과 별을 보면서 자연에 대한 생각을 많이 했을 겁니다. 절대자인 신에 대한 본질적인 생각으로 이어졌겠지요. 그러나 현대 사회는 이러한 기회를 점점 잃게 만듭니다. 더 많은 사람의 주변은 인간이 주인임을 가리키는 환경으로 바뀌어 갑니다. 실내 공간은 인간이 공장에서 만든 물건으로 넘쳐납니다. 하나님이라는 본질적인 존재에 대하여 생각하기 점점 어려운 시대가 되어 가고 있습니다. 많은 현대인으로부터 외면받으시는 하나님은 지금도 그분을 창조주로 인정하는 사람이나 아예 관심조차 갖지 않거나 하나님을 부정하는 무신론자나 관계없이 동등하게 밤의 달과 낮의 해를 비추어 주십니다.

> 지혜로 하늘을 지으신 이에게 감사하라 그 인자하심이 영원함이로다 땅을 물 위에 펴신 이에게 감사하라 그 인자하심이 영원함이로다 큰 빛들을 지으신 이에게 감사하라 그 인자하심이 영원함이로다 해로 낮을 주관하게 하신 이에게 감사하라 그 인자하심이 영원함이로다 달과 별들로 밤을 주관하게 하신 이에게 감사하라 그 인자하심이 영원함이로다 시 136:5-9
> 하나님이 그 해를 악인과 선인에게 비취게 하시며 비를 의로운 자와 불의한 자에게 내리우심이니라 마 5:45

하나님은 눈에 보이는 자연만물만이 아니라 보이지 않는 모든 것의 주인이십니다. 하나님은 사람들에게 사회를 유지하며 공공의 질서를 지킬 수 있는 양심과 마음을 일반은총으로서 사람들에게 주셨습니다.

> 율법 없는 이방인이 본성으로 율법의 일을 행할 때에는 이 사람은 율법이 없어도 자기가 자기에게 율법이 되나니 이런 이들은 그 양심

> 이 증거가 되어 그 생각들이 서로 혹은 고발하며 혹은 변명하여 그 마음에 새긴 율법의 행위를 나타내느니라 롬 2:14-15

양심과 성품에 대한 문제는 원래 아브라함 카이퍼가 일반은총론에 대하여 적극적인 고찰을 하게 된 동기이기도 합니다. 당시 그는 교회가 아닌 일반 사회에서 그리스도인들보다 더 선한 삶을 사는 비그리스도인들을 보았으며, 반대로 비그리스도인들에 비하여 오히려 양심에 부끄러운 그리스도인들이 있다는 사실을 발견했습니다. 이러한 상반된 현상에 대한 신학적 설명이 필요했던 것입니다. 지금부터 약 150년 전 아브라함 카이퍼가 고민했던 이러한 문제는 지금도 여전히 우리 삶에 존재합니다. 실제 비기독교임에도 불구하고 양심적으로 아주 바르게 사는 사람이 세상에 많습니다. 반대로 그리스도인임에도 불구하고 사회의 지탄받는 사람이 많습니다.

하나님이 비그리스도인에게 훌륭한 음악적 자질을 주셨으며 그가 성실하게 연습해서 음악적으로 성공했다면 그것은 전혀 이상한 일이 아닙니다. 마찬가지로 깨끗한 양심이나 성품을 하나님으로부터 받은 비그리스도인이 있다는 사실도 전혀 이상한 일이 아닙니다. 그렇다면 비그리스도인이면서 훌륭한 성품과 양심을 가진 사람들에 대하여 그리스도인은 어떤 태도를 가져야 할까요? 그것은 존경의 마음입니다. 왜 그렇습니까? 그 사람의 착한 성품과 양심을 주신 분이 하나님이기 때문입니다. 비록 아직은 하나님을 모른다 할지라도 하나님이 그에게 여전히 선한 은혜를 베풀고 계시는 것입니다. 이러한 존중과 존경의 태도는 세상 속에서 살고 있는 그리스도인들의 마땅한 자세입니다.

하나님은 그리스도인들을 끊임없이 세상 속으로 밀어 넣으십니다. 친절한 하나님은 우리를 무작정 세상으로 밀어 넣지 않으시고 세상 사람들과의 접점(Contact Point)을 예비하시는데 바로 이러한 접점이 일반은총의 많은 영역들입니다. 훌륭한 비그리스도인들을 그리스도인들이 겸손함으로 존중하고 존경하는 것이 바로 하나님이 원하시는 세상과의 접점을 찾아가는 기본 자세입니다. 물론 세상에는 하나님을 대적하는 노골적인 세속 문화나 사람들이 많습니다. 당연히 그리스도인은 이러한 문화나 사람들을 분별하고 멀리하는 지혜가 필요합니다.

사회에서 훌륭한 성품을 가진 비그리스도인들도 리더가 되어 그 사회를 이끌어 나갈 수 있습니다. 세상의 모든 권력과 권력자도 모두 하나님의 것이며 하나님이 다스리십니다. 세상의 모든 권력도 일반은총의 영역에 속합니다. 이러한 일반은총론은 당시 인간이 만든 국가나 사회를 악의 영역, 혹은 거룩에 반하는 세상에 속한 것으로 간주하며 이원론적 삶을 추구하던 재세례파의 오류를 벗어나게 하는 근거가 될 수 있었습니다. 철저하게 신앙과 이성을 구분하고 하늘의 것과 땅의 것을 구분하는 루터파의 이원론에 대하여도 마찬가지의 건전한 신학적 논리를 제공해 주었습니다.

성경은 사회나 국가의 지도자들을 대하는 그리스도인의 태도에 말씀합니다.

각 사람은 위에 있는 권세들에게 복종하라 권세는 하나님으로부터 나지 않음이 없나니 모든 권세는 다 하나님께서 정하신 바라 그러므로 권세를 거스르는 자는 하나님의 명을 거스름이니 거스르는 자들은 심판을 자취하리라 다스리는 자들은 선한 일에 대하여 두려움이 되지 않고 악한 일에 대하여 되나니 네가 권세를 두려워하지 아니하려느냐 선을 행하라 그리하면 그에게 칭찬을 받으리라 그는 하나님의 사역자가 되어 네게 선을 베푸는 자니라 그러나 네가 악을 행하거든 두려워하라 그가 공연히 칼을 가지지 아니하였으니 곧 하나님의 사역자가 되어 악을 행하는 자에게 진노하심을 따라 보응하는 자니라 그러므로 복종하지 아니할 수 없으니 진노 때문에 할 것이 아니라 양심을 따라 할 것이라 너희가 조세를 바치는 것도 이로 말미암음이라 그들이 하나님의 일꾼이 되어 바로 이 일에 항상 힘쓰느니라 모든 자에게 줄 것을 주되 조세를 받을 자에게 조세를 바치고 관세를 받을 자에게 관세를 바치고 두려워할 자를 두려워하며 존경할 자를 존경하라 롬 13:1-7

위 말씀으로부터 우리는 하나님이 세상의 권력을 가진 자들을 적극적인 사역 파트너로서 사용하고 계심을 알 수 있습니다. 즉 하나님을 대신하여 악과 선에 대한 판단을 내리며 그에 따른

보응과 칭찬을 수행하는 대리인입니다. 놀랍게도 본문은 이들을 하나님의 사역자(God's servant)로 표현하고 있습니다(롬 13:4). 하나님의 사역자(종)는 보통 교회 안에서 목사님이나 신앙심 깊은 교회의 리더들이 듣는 익숙한 표현이 아닌가요? 그러나 성경은 우리가 거룩-타락의 경계선 밖의 타락한 영역으로 생각하는 세상에 대하여 하나님이 어떤 마음을 가지고 계신지 잘 보여 주고 있습니다. 하나님은 이 세상에 대한 관심을 가지고 계신 것뿐 아니라 이 세상의 주권자로서 세상 사람들과 적극적인 협력 사업을 펼치고 계십니다. 이 협력 사역에는 그리스도인은 물론이고 비그리스도인들도 포함됩니다. 하나님은 만유의 주이시기 때문입니다.

하나님은 인간들이 전혀 개입할 수 없는(Exclusive) 자연의 법칙들을 만드시고 이를 통해 만물을 다스리시는 상시적(Constant) 활동을 진행하시지만, 이와 별도로 하나님의 동역자나 도구로서 사람을 적극적(Positive)이고 진행적(Progressive)으로 하나님의 활동영역에 개입시키십니다. 이것은 인간의 역사의 발전과 문화의 형성에서 하나님이 사람을 배제하지 않으시고 사람과 함께 일하신다는 중요한 원리를 보여 줍니다. 그리스도인들에게는 교회에서의 삶과 봉사도 하나님의 일이지만, 세상에서의 삶도 당연히 하나님의 일입니다. 그러므로 성경은 모든 세상 일을 주께 하듯 하며 사람에게 하듯 하지 말라고 우리에게 권면하고 있는 것입니다.

종들아 모든 일에 육신의 상전들에게 순종하되 사람을 기쁘게 하는 자와 같이 눈가림만 하지 말고 오직 주를 두려워하여 성실한 마음으로 하라 무슨 일을 하든지 마음을 다하여 주께 하듯 하고 사람에게 하듯 하지 말라 이는 기업의 상을 주께 받을 줄 아나니 너희는 주 그리스도를 섬기느니라 골 3:22-24

생각해 봅시다

1] 일반은총과 특별은총의 차이는 무엇일까요? 두 은총이 다른 것임에도 불구하고 그리스도인에게는 일반은총도 특별한 은혜로 받아들여지는 이유가 무엇일까요?

2] '은총'이란 받을 자격이 없지만 하나님이 선물로 주신 것을 의미합니다. 그리스도인으로서 내가 감사함으로 풍성하게 누리고 있는 일반은총은 어떤 것들이 있습니까?

11장
일반은총의 목적과 특별은총과의 균형

일반은총의 목적

하나님은 어떤 이유와 목적으로 모든 인류에게 일반은총을 허락하신 걸까요? 하나님이 일반은총을 베푸시는 보편적인 이유는, 첫째, 하나님이 불신자들이 돌아오기를 인내로써 기다리시기 때문입니다. 사실 '불신자'라는 말은 매우 불편한 말이기도 합니다. 하나님의 눈으로 볼 때에는 이들 모두가 하나님의 사랑의 대상이요 잃어버린 한 마리의 양이기도 합니다. 베드로는 그들을 향한 하나님의 인내와 사랑을 이렇게 표현하고 있습니다.

> 이제 하늘과 땅은 그 동일한 말씀으로 불사르기 위하여 보호하신 바 되어 경건하지 아니한 사람들의 심판과 멸망의 날까지 보존하여 두신 것이니라 사랑하는 자들아 주께는 하루가 천 년 같고 천 년이 하루 같다는 이 한 가지를 잊지 말라 주의 약속은 어떤 이들이 더디다고 생각하는 것 같이 더딘 것이 아니라 오직 주께서는 너희를 대하여 오래 참으사 아무도 멸망하지 아니하고 다 회개하기에 이르기를 원하시느니라 벧후 3:7-9

하나님이 세상을 멸망시키는 방법은 사실 간단합니다. 그분이 지금까지 견고하게 잡고 계시는 우주의 질서들을 그냥 놓으시면 됩니다. 어떻게 생각하면 만물이 질서를 유지하고 있는 것이 기적입니다. 하나님이 중력의 법칙, 혹은 그 법칙을 구성하고 있는 상수 하나라도 바꾸시거나 중력 자체의 존재를 없게 하시면 모든 우주의 질서는 삽시간에 무너집니다. 아담의 죄로 인하여 하나님이 아름답게 창조하신 이 세상의 많은 부분이 왜곡되고 타락하였습니다(롬 8:22). 그러나 이러한 현실에서도 하나님은 아직 세상을 보호하고 다스리시면서 그의 백성이 회개하고 돌아오기를 기다리십니다. 일반은총을 베푸시는 이유는 하나님의 전 인류에 대한 사랑입니다.

둘째, 하나님이 일반은총을 베푸시는 이유는 모든 인간에게 만물의 질서와 아름다움을 보고 창조주 하나님을 발견하며 그분을 찬양하도록 하고자 함입니다. 장 칼뱅은 하나님을 아는 방법 중 하나로 만물의 활동을 관찰하는 것을 말합니다. 로마서(1:19-20)에 기록된 대로 하나님은 자연 만물을 통하여 사람들이 하나님을 알 수 있도록 하셨습니다. 인간의 타락으로 하나님을 알 수 있는 채널은 비록 훼손되었으나 여전히 자연만물은 사람들로 하여금 신을 생각하는 동기를 부여합니다. 물론 히브리서 기자는 하나님이 창조주이심을 인정하는 것은 오직 믿음으로만 가능하다고 가르칩니다. 죄인이 되어 버린 인간에게는 영적 관찰력이 가리워 있기 때문입니다.

> 믿음은 바라는 것들의 실상이요 보이지 않는 것들의 증거니 선진들이 이로써 증거를 얻었느니라 믿음으로 모든 세계가 하나님의 말씀으로 지어진 줄을 우리가 아나니 보이는 것은 나타난 것으로 말미암아 된 것이 아니니라 히 11:1-3

히브리서 11장 3절 말씀이 우리나라 번역본으로 보면 어렵게 느껴지지만, 이 말의 뜻은 "보이는 것(모든 세계)은 보이지 않는 것(하나님의 말씀)으로 만들어졌다(what can be seen was made out of what cannot be seen)"는 의미입니다. 이 구절은 대단히 흥미롭습니다. 이 본문은 하나님의 창조를 믿는 사람과 그렇지 않은 사람에게 완전히 정반대의 감정을 유발하는 분수령이기 때문입니다. 그리스도인에게 있어서 이 구절은 행복의 축배를 들게 하는 말씀입니다. 믿음을 확인하는 구절이기 때문입니다.

그런데 무신론적 자연주의자들의 반응은 어떨까요? 과학은 원인과 결과로서 설명하는데, 방금 설명한 히브리서 말씀은 보이지 않는 것이 보이는 것을 만들었다고 이야기합니다. 과학 세계에서는 도저히 이해할 수 없는 설명입니다. 그들의 반응은 당황과 분노입니다. 아마 이 성경 구절을 접하는 무신론자들은 이 부분에서 성경을 덮고 아마 한쪽 구석으로 던져 버릴 것입니다. 하나님의 창조는 과학으로 설명되지 않습니다. 창조는 과학의 한계를 벗어나는 일입니다.

셋째, 하나님이 일반은총을 베푸시는 마지막 이유는 하나님이 인간을 다스림을 포함한 그의 창조 활동에 인간을 동역자로 세우기 위해서입니다. 인간을 창조 하시기 전부터 하나님은 만물을 창조하시면서 그 안에 질서를 부여하셨습니다. 그리고 인간을 창조하시고 심히 기뻐하며 말씀하십니다. "생육하고 번성하여 땅에 충만하라, 땅을 정복하라, 바다의 물고기와 하늘의 새와 땅에 움직이는 모든 생물을 다스리라"(창 1:28). 모든 피조물 가운데 오직 인간만이 하나님의 형상을 따라 지음 받았으며 하나님은 창조하신 모든 만물을 다스리는 일의 친밀한 동역자로 인간을 개입시키십니다. 이 사실은 인간의 존재가 얼마나 대단한지를 보여 줍니다. 일반은총의 중요한 의미 중 하나는 하나님의 창조 섭리에 인간이 동참한다는 것입니다.

일반은총의 공평성이 주는 메시지

일반은총은 특별히 그리스도인들에게 어떤 목적과 의미가 있을까요? 사실 이 부분은 이 책 전체에 걸쳐 매우 중요한 주제입니다. 일반은총은 신자와 불신자 모두에게 적용되는 삶의 원리입니다. 모두에게 적용된다는 것의 전제는 보편성, 혹은 공평성입니다. 즉, 일반은총의 영역에서는 하나님이 신자와 불신자를 차별하지 않습니다. 이 특성이 그리스도인에게 시사하는 의미가 결코 작지 않습니다. 세상을 살아가기 위하여 필요한 재물이나 학력 혹은 예술의 영역에서는 주어진 재능이나 적성에 따라 열심히 일을 하면 신앙의 유무와 관계없이 어느 정도의 성취가 가능합니다. 자연의 오묘함과 아름다움을 느끼는 미적 감각을 오히려 비그리스도인들이 더욱 예민하게 느끼거나 표현할 수도 있습니다.

물론 하나님은 일반은총의 법칙이나 원리를 초월하는 특별한 기적을 베푸시는 경우가 있습니다. 그러나 일반은총으로 감당할 길을 열어 주셨는데도 다른 지름길을 택하는 요청은 대부분 우리의 욕심에서 시작합니다. 하나님은 이러한 기도는 들어주시지 않습니다. 몇 년간 일상을 힘들게 했던 코로나 시대에서 그리스도인과 비그리스도인 관계없이 이 백신을 맞으면 면역력이 생기고 접종을 하지 않으면 이 병에 취약해집니다. 하나님의 백성들이 모여서 예배드리는 교회의 꼭대기에는 십자가가 달려 있지만 동시에 벼락을 막기 위한 피뢰침도 달려 있습니다. 왜 그리스도인도 백신을 맞아야 하고 교회 건물은 피뢰침을 달아야 할까요? 그 이유는 하나님이 만들어 놓으신 보편적 질서인 의학적 지식과 물리적 법칙을 존중하기 때문입니다.

인간이 일반은총의 범위에서 허락하신 지혜를 따르지 않고 특별한 기도로서 해결하겠다는 것은 일반은총을 주신 하나님을 가볍게 여기는 것입니다. 일반은총의 공평성은 그리스도인들이 교회뿐만 아니라 세상 속에서도 성실해야 함을 가르칩니다. 비그리스도인이지만 세상에서 성공할 수 있음을 이해할 수 있게 돕고, 그들을 존중해야 하는 이유를 가르쳐 줍니다. 나아가서 세상에 존재하는 이해할 수 없는 불행이나 어려움이 신앙인에게도 찾아올 수 있다는 사실이 해석됩니다. 아담의 죄로 인한 모든 만물이 겪는 저주 역시 그리스도인과 비그리스도인에게 공통적으로 적용될 수 있습니다.

굳이 표현하자면 세상에는 일반은총과 대비적으로 '일반 저주'가 흐르고 있습니다. 환경 오염이나 지구의 온난화의 결과로 파생되는 오존층의 파괴나 자연재해는 신앙인이라도 예외 없이 겪어야 하는 난관입니다. 물론 우리가 다음으로 생각해 볼 주제인 특별은총에는 이런 일반은총의 보편성을 상쇄하고도 남는 하나님의 배려가 준비되어 있습니다.

일반은총과 특별은총의 조화

일반은총은 신자와 불신자 모두에게 적용되는 삶의 원리이므로 앞서 살펴본 것처럼 여기에는 보편성과 공평성이 전제됩니다. 과학, 문화, 경제, 예술, 스포츠 등 모든 분야에서 하나님은 일반은총의 원리를 적용하십니다. 그렇다면 당연히 그리스도인이 이렇게 질문할 수 있습니다. '신자, 불신자 모두에게 적용되는 일반은총의 법칙을 만들어 주셨다면, 신앙인들은 구태여 세상 속 삶에서 '왜' 그리고 '무엇'을 기도해야 하는가?' 매우 중요한 질문입니다. 이 질문에 대답할 수 있어야 우리는 두 은총의 진정한 균형을 누릴 수 있습니다. 이 대답에 도움이 되는 국내의 굵직한 스포츠 사건이 하나 있었습니다.

2024년 5월 19일, 매우 비중 있는 한국골프투어(KPGA) 대회에서 최경주 프로가 우승을 향한 연장전에 돌입하였습니다. 원래 2위와 다섯 타 이상으로 벌려 1위로 마지막 라운드를 시작한 최경주 프로는 체력 저하로 결국 마지막 홀에서 동타를 허용한 끝에 승부를 연장전으로 끌고 간 것입니다. 그런데 첫 연장전에서 최경주 선수의 두 번째 샷이 그린 근처 개울 쪽으로 튕겨 들어갔습니다. 시청자 대부분은 볼을 개울물에 빠뜨린 이 실수로 경기는 상대 선수의 승리로 끝났다고 생각했습니다. 그런데 놀랍게도 최경주 프로의 볼이 개울물로 들어간 게 아니라 개울 중간에 있는 가로 2m, 세로 1.5m 정도 아주 작은 잔디 섬에 살포시 놓여 있는 것이 카메라에 포착되었습니다. 최경주 프로는 이 상황에서 침착하게 완벽한 어프로치 샷으로 홀 주변에 볼을 붙였고 승부를 다음 연장 홀로 끌고 간 끝에 결국 한국 골프 역사상 최고령 우승이라는 대기록을 썼습니다. 온몸을 새까맣게 그을린 피부와 강인한 인상의 '탱크' 최경주 프로는 PGA 대회 8회 우승 등 통산 30회 우승에 빛나는 최고의 베테랑입니다. 이 선수가 우승 후 가진 야외 인터뷰에서 이례적으로 울컥하며 눈물을 글썽였습니다. "먼저 하나님께 영광을 돌리고"로 시작된 그의 인터뷰 내용은 이어진 기자회견장에서 더욱 그 뜻이 분명해졌습니다.

"골프를 진짜 이해하기 어려워요. 상황이 어떻게 될지 모르는데 저는 정말 우승하고 싶었어요. 그래서 더 간절해지는 거죠. 몸은 더 부담되고. 그렇지만 주님이랑 기도했어요. 우승하고 싶다고. 그 아일랜드가 거기에 있는지 몰랐어요. 암만 생각해도 저는 해석이 안 돼요. 인간의 생각으로는요. 하나님의 뜻이 분명히 있을 거란 생각을 하고 치긴 했는데 이런 우승을 극적으로 한 건 내가 한 게 아니고 정말 하나님이 그의 뜻대로 하신 거라고 생각합니다."

그리스도인들은 특별은총에서 주어지는 하나님의 백성이라는 신분을 오해하여 세상살이에서 무임승차식으로 살아가려는 신앙을 경계해야 합니다. 불신자 운동선수들이 인고의 피와 땀으로 일구어낸 빼어난 실력과 성취는 결코 신자 운동선수의 기도와 신앙생활만으로 대체할 수 없습니다. 만일 최경주 선수가 연습도 하지 않는 게으름뱅이 선수였다면 그의 우승을 통해 세상 사람들은 오히려 하나님에 대한 불신과 의문을 가졌을지도 모릅니다. 그러나 최경주 선수는 그의 검게 그을린 피부가 말해 주듯 지독한 연습 벌레로 알려져 있습니다. 하나님이 만드신 일반은총의 원리에 충실하여 그의 직업에 최선을 다했던 선수입니다.

우리는 삶의 단 한 부분도 예외 없이 모든 인생 영역에 하나님이 다스림을 믿는 사람들입니다. 특별은총으로 인해서 모든 일을 다스리는 하나님을 아버지로 모시는 사람입니다. 모든 사람에게 동일하게 베푸는 일반은총과 함께 구원의 축복인 특별은총을 입은 그리스도인들에게 예수님은 친절하게 주기도문을 가르쳐 주셨습니다. 그런데 그 주기도문은 구체적 기도 제목의 대전제를 이렇게 시작합니다. "하늘에 계신 우리 아버지여"(마 6:9). '아버지'라는 부름에 무엇이 더 필요할까요? 그리스도인은 일반은총 법칙에 따라 일상 삶에서 성실해야 하고, 또한 그 성실의 결과에 대한 축복을 누릴 수 있습니다. 그런데 동시에 아바 아버지 하나님께 얼마든지 기도로 기적을 요청할 수 있는 특별은총 수혜자들입니다. 일반은총을 뛰어 넘는 기적을 포함해서, 일반은총과 특별은총의 충돌, 기도의 더딘 응답, 혹은 기도를 들어주지 않는 경우에 대하여 전혀 걱정할 필요가 없습니다. 그분은 내 행복과 영광에 대하여 나보다 더 잘 알고 계시는 아버지이기 때문입니다.

최경주 프로가 그 경기에서 만났던 개울가 작은 섬은 하나님이 그의 아들에게 특별하게 허락하신 특별은총의 상징이었습니다. 새까맣게 그을린 얼굴과 승부욕에 반짝이는 눈이 말해주듯 프로 골퍼로서 성실했던 그에게 이 개울가 작은 섬은 일반은총과 특별은총의 조화로운 컬래버레이션으로 찾아온 것입니다. 최경주 선수가 인터뷰에서 보인 눈물은 오늘도 세상에서 소금과 빛으로 살아 내는 그의 자녀들이 흘리는 눈물입니다. 일반은총과 특별은총으로서 푸른 초장으로 인도하시는 하나님의 깊은 은혜를 체험하며 흘리는 감사의 눈물입니다.

일반은총과 특별은총의 균형

그리스도인이 착각하거나 잊어버리기 쉬운 것이 일반은총

과 특별은총과의 상관성입니다. 보편적 은혜인 일반은총과 달리 특별은총은 그리스도를 믿음으로 말미암아 구원에 이르는 축복을 말합니다. 모든 사람에게 주어지는 것이 아니라 그의 선택을 받은 백성에게만 주어집니다.

그런데 많은 사람이 특별은총을 받았으면 일반은총에까지 성숙한 것으로 착각합니다. 특별은총이 강조되는 교회의 생활에 익숙한 사람이 세상으로 나갔을 때 당황하는 이유가 바로 이 점입니다. 교회에서 많은 은혜를 받고 집으로 돌아가는 길에 가장 가까운 사람이나 장소에서 시험거리를 만납니다. 성도의 생활에서 특별은총을 받아 영적으로 충만해졌으나 일반은총이 부족해서 어려움에 처하는 일이 다반사입니다. 사람들은 영적으로 은혜를 받으면 생활의 사소한 것에 대하여 무디어지기 쉽습니다. 은혜를 받아 마음이 교만해질 수도 있고, 아니면 그 은혜가 온마음을 사로잡아 그럴 수도 있습니다.

일반은총은 매우 간단한 내용이지만 의외로 이에 대한 오해 때문에 적지 않은 그리스도인이 시험에 들곤 합니다. 특별히 차세대 교육에 있어서 그렇습니다. 일반은총에 대한 올바른 교육 없이 특별은총만 불균형적으로 강조하다 보면 아이들이 성장하면서 세상에서 시험을 받아 교회를 떠날 수도 있습니다. 이미 언급했지만, 제가 어린 아들에게 자주 하던 "하나님을 잘 믿으면 걱정할 것이 없다"는 말은 맞는 말입니다. 그러나 다분히 특별은총을 전제로 한 말입니다. 하나님을 잘 믿는다고 할 때 일반적으로 떠 오르는 의미가 무엇입니까? 그것은 교회출석, 기도생활, 헌금과 교회봉사, 전도 등입니다. 이런 일련의 행동들은 특별은총과 관련된 행위들입니다.

만일 하나님을 잘 믿는다는 것을 이런 요소로서 받아들인 어린 자녀들이 있다고 합시다. 이런 아이들은 아마 교회학교에서 모범생의 표본이 될 것입니다. 그런데 이 교회의 모범생이 성장하여 대학 입시철에 접어들었습니다. 그가 당연히 기대하는 것은 좋은 대학에 입학하는 것입니다. 왜냐하면 부모님의 말씀대로라면 하나님을 잘 믿었으니 걱정할 것이 없어야 하기 때문입니다. 그런데 결과는 항상 그렇지 않습니다. 대입을 결정하는 많은 요소가 있으나 일반적으로 가장 중요한 것은 학습능력과 시험의 결과입니다. 그런데 이것은 교회의 모범생과 교회를 나오지 않는 학생 모두에게 평등하게 주어지는 일반은총에 속한 일입니다. 교회를 나오지 않아도 머리 좋은 학생이 열심히 공부하면 우수한 성적을 올리고 좋은 대학에 입학하는 것이 일반적입니다.

이 시점에서 하나님을 잘 믿으면 걱정할 것이 없다는 말이 설득력이 있을까요? 이 말은 맞는 말이지만, 이 시점에서는 적절하지 않습니다. 우리의 자녀가 특별은총만 알고 일반은총을 모르면 그들이 들어가야 할 세상에서 부적응자가 되는 것입니다. 반대로 일반은총만 알거나 강조하고 특별은총에 대하여 무지하다면 우리는 자녀들을 세속적 인본주의자로 키우는 것입니다.

이것은 옳고 그름의 문제가 아니라 두 은총간 균형의 문제입니다. 자녀들에게는 특별은총을 중심에 두고 일반은총의 원리를 가르쳐야 합니다. 재물이나 학식이나 명예나 건강이나 다른 모든 것들도 하나님이 허락하신 것으로써, 그리스도인이 당연히 누릴 수 있는 하늘의 은혜임을 가르쳐야 합니다. 여기서 특별은총을 중심에 둔다는 말은 모든 일반은총의 영역에 대한 성경적 세계관이 확립되었음을 의미합니다. 하나님을 믿는 영광과 명예로서 이 일반은총의 모든 가치관을 성경적으로 해석하고 사용할 수 있어야 합니다. 그리스도인이 일반은총의 영역에서 강자가 되어 세상 사람들을 이기려 하는 경향을 우리는 승리주의라고 부릅니다. 예수님이 세상을 이기는 방법은 절대 이러한 것이 아니라 낮아짐과 겸손과 희생이었음을 기억해야 합니다.

특별은총과 일반은총 간의 불균형 문제는 단지 기독교 자녀들만의 이야기가 아닙니다. 성인이 된 그리스도인들에게도 이 이슈는 항상 따라다닙니다. 다음 질문에 대한 정답이 무엇이라고 생각합니까? '하루에 몇 시간 기도하는 것이 더 올바른 신앙인의 모습인가요?' 이것은 매우 단순하게 설정된 질문이지만 사실 이런 문제로 많은 그리스도인들이 갈등합니다. 이 질문에 대한 자신 있는 답은 일반은총과 특별은총에 대한 올바른 균형적 관점 없이는 도저히 찾을 수 없습니다. 우리는 많은 경우 삶의 여러 순간에 이 특별은총과 일반은총 간의 균형에 무지합니다. 특별히 한국교회의 현실 속에서는 특별은총보다는 일반은총에 대한 인식이 상대적으로 부족해 보입니다. 그래서 매우 아이러니하게도 교회 생활에 익숙한 그리스도인들에게 있어서 특별은총은 특별한 것이 아니라 일반적이고 당연한 은혜가 되었습니다. 반대로 일반은총은 신앙과 무관한 특별한 영역으로 받아들이기 쉽습니다.

구약 성경의 사무엘과 다윗의 삶을 두 은총의 균형이라는 관점에서 바라보면 매우 흥미롭습니다. 임신하지 못했던 한나에게 하나님의 은혜가 임했고, 그렇게 태어난 아기가 사무엘입니다. 사무엘은 젖을 떼자마자 성전에서의 삶을 시작한 대표적인 선지자입니다. 그는 성전에서 제사장으로서 여호와를 섬겼습니다. 성경에 여호와께서 그와 함께 계셔서 그의 말이 하나도 땅에 떨어지지 않게 하셨다고 기록되었을 정도로 그는 하나님의 귀한 종으로 살았습니다.

> 사무엘이 자라매 여호와께서 그와 함께 계셔서 그의 말이 하나도 땅에 떨어지지 않게 하시니 삼상 3:19

그는 하나님의 명에 따라 어린 다윗에게 기름을 부어 왕으로 세웠습니다. 다윗은 사무엘과 매우 다른 성장 배경을 갖습니다. 어린 시절부터 험한 목동의 일을 하였으며 온갖 환란과 위함을 이겨내고 이스라엘의 가장 위대한 왕으로서 40년 간 나라를 통치하였습니다. 왕으로서뿐만 아니라 그는 탁월한 시적 재능으로 아름다운 시편을 남겼습니다. 악기를 잘 다루었으며 4천 명의 여호와를 찬양하는 합창단을 만들었습니다(대상 23:5).

만일 다윗이 어린 시절부터 사무엘처럼 성전에서 지냈다고 가정해 봅시다. 이스라엘이 위기에 빠졌을 때에 적장 골리앗을 물리친 돌팔매 실력을 그는 가질 수 없었을 것입니다. 국가를 40년간 다스리는 데 필요한 좋은 대인관계와 탁월한 리더십, 그리고 수많은 적과 싸워 이길 수 있는 용맹함과 체력의 소유자가 되기에는 부족했을 것입니다. 들에서 밤하늘을 보며 목동의 일을 하지 않았다면 "주의 손가락으로 만드신 주의 하늘과 주께서 베풀어 두신 달과 별들"을 노래하는 아름다운 시편의 시상을 떠올리지 못했을 것입니다.

사무엘과 다윗 두 사람 모두는 우리에게 위대한 하나님의 사람으로서 기억합니다. 그러나 하나님의 경륜과 목적에 따라 두 사람의 일반은총적 영역과 특별은총적 영역의 무게추가 확연하게 다르다는 것을 기억해야 합니다. 특별히 이 시대에 우리 자신과 자녀들이 하나님의 경륜과 목적에 따라 사무엘과 다윗 사이에서의 적절한 줄다리기의 균형을 유지하고 있는지를 항상 주의 깊게 살펴보는 지혜가 필요합니다. 사무엘은 절대로 다윗을 대체할 수 없으며 다윗은 절대로 사무엘을 대체할 수 없습니다.

생각해 봅시다

1] 세상에서 살아야 하는 그리스도인에게 있어서 일반은총의 중요한 특징인 '공평성'이 시사하는 의미는 무엇입니까? 나의 삶에서 일반은총과 특별은총 사이에는 큰 간극이 없는 지 살펴봅시다.

2] 사무엘과 다윗에 대한 하나님의 소명이 어떻게 다르다고 생각합니까? 같은 그리스도인이라도 서로 다른 소명이 있을 때 신앙 생활의 모습은 다를 수 있습니다. 내가 원하는 자녀의 미래 모습은 사무엘입니까, 아니면 다윗입니까?

12장
어둠 속의 빛처럼 세상 속으로

세상은 삶의 터전과 훈련장

그리스도인들의 일반은총은 매우 현실적인 의미를 담고 있으며 또한 무조건적입니다. 그리스도인들도 직업을 가지고 돈을 벌어야 합니다. 세상을 떠나 고상하게 살고 싶어도 경제활동을 외면할 수는 없습니다. 그리스도인도 예술활동을 하려면 아무리 싫어도 신자, 불신자 가릴 것 없이 대중과 만나야 하며 교류해야 합니다. 어떻게 보면 하나님이 그리스도인들을 세상으로 떠밀어 내보내는 방법이기도 합니다. 성경은 그리스도인들이 어쩔 수 없이 세상으로 들어가야만 하는 상황을 잘 이해하고 있습니다.

> 내가 너희에게 쓴 편지에 음행하는 자들을 사귀지 말라 하였거니와 이 말은 이 세상의 음행하는 자들이나 탐하는 자들이나 속여 빼앗는 자들이나 우상 숭배하는 자들을 도무지 사귀지 말라 하는 것이 아니니 만일 그리하려면 너희가 세상 밖으로 나가야 할 것이라
>
> 고전 5:9-10

이 말은 현대말로 쉽게 고쳐 쓰면 이런 느낌일 것입니다.

"너희는 어쩔 수 없이 세상에 들어가 살아야 하는데, 너희가 만나는 사람들 중에는 성적으로 문란한 사람들, 온갖 욕심이 사나운 사람들, 사기꾼들, 미신을 믿는 사람들도 있을 것이다. 그래도 너희의 직업상 그 사람들을 만나야만 하는 것을 감수하거라."

하나님은 이 세상의 어떤 특정한 공간을 마련하셔서 그곳에 그리스도인을 따로 모아 거룩함을 지키도록 말씀하지 않으십니다. 죄악이 왕 노릇하는 바로 그곳에서 거룩을 지키면서 그들과 정면 충돌하라 하시는 것입니다. 하나님은 왜 우리를 이런 험한 산지로 모는 것일까요? 그 이유는 이 세상이야말로 악과 선의 진검승부가 이루어지는 곳이기 때문입니다. 가장 썩은 곳에서 소금의 가치가 돋보이며 가장 캄캄한 곳에서 빛의 고마움이 느껴지기 때문에 그렇습니다. 예수님 자신이 이 세상의 가장 썩은 곳, 가장 어두운 곳으로 찾아와 주셨으며(요 3:16) 이렇게 우리에게 말씀하십니다.

이것을 너희에게 이르는 것은 너희로 내 안에서 평안을 누리게 하려 함이라 세상에서는 너희가 환난을 당하나 담대하라 내가 세상을 이기었노라 요 16:33

우리에게 두 가지를 동시에 말씀해 주시고 있습니다. 세상에서 환란을 당할 것과 그럼에도 불구하고 평안하기를 원하시는 것입니다. 세상은 그리스도인의 거룩과 영광을 완성시키는 진정한 훈련장입니다. 교회 안에서는 상상도 못할 가치관이 득실대는 곳입니다. 교회 안에서는 경험할 수 없는 많은 훈련기구가 존재합니다. 이 이유로 하나님은 우리를 세상과 분리하지 않으시고 일반은총을 통하여 우리를 세상에 두시는 것입니다.

복음을 위한 세상과의 접점

일반은총이 갖는 보편적 은혜를 그리스도인은 당연히 누려야 하지만 그 전제는 특별은총으로 형성된 확고한 성경적 세계관이어야 합니다. 그렇다면 그리스도인들에게 있어서 일반은총의 의미는 무엇일까요? 그것은 그리스도인의 정체성과 삶에 연관된 내용입니다. 그리스도인들이 세상에서 삶을 영위할 때에 일반은총은 매우 중요한 목적을 갖습니다. 특별히 예수님이 이 땅에 오시고 그의 재림을 기다리고 있는 지금 세대에서 더욱 그렇습니다. 그러므로 이 내용은 이 책 전반에 걸쳐 가장 중요한 주제 중의 하나입니다. 이 주제의 논의에 앞서 예수를 믿는 그리스도인의 세상에서의 정체성이 무엇인지 다시 한번 상기할 필요가 있습니다. 예수님은 그리스도인을 세상의 소금과 빛으로 비교하셨습니다.

> 너희는 세상의 소금이니 소금이 만일 그 맛을 잃으면 무엇으로 짜게 하리요 후에는 아무 쓸 데 없어 다만 밖에 버려져 사람에게 밟힐 뿐이니라 너희는 세상의 빛이라 산 위에 있는 동네가 숨겨지지 못할 것이요 사람이 등불을 켜서 말 아래에 두지 아니하고 등경 위에 두나니 이러므로 집 안 모든 사람에게 비치느니라 이같이 너희 빛이 사람 앞에 비치게 하여 그들로 너희 착한 행실을 보고 하늘에 계신 너희 아버지께 영광을 돌리게 하라 마 5:13-16

소금과 빛은 전혀 다른 것입니다. 그런데 여기에 공통점이 있습니다. 본인들의 특성과 아주 다른 환경에 놓일 때에 그 의미를 찾는다는 것입니다. 짜지 않은 곳이나 썩어 가는 곳이 있어야 소금이 필요하고, 어두워서 갈 길을 못 찾고 헤매는 곳이 있어야 빛이 소용이 있습니다. 이것이 소금과 빛의 정체성입니다. 일반은총의 의미와 목적은 이러한 그리스도인의 정체성을 이해할 때에 선명하게 나타납니다. 소금과 빛이 본인들의 특성과 다른 곳에 놓이듯이 그리스도인들은 본인과 아주 다른 세상으로 들어갈 때에 의미가 있습니다. 다른 세상으로 들어갈 때 필요한 것이 바로 접점(Contact Point)입니다.

그리스도인에게 있어서 일반은총은 하나님이 믿는 자와 믿지 않는 자와 관계없이 공통적으로 내려 주시는 은혜이자 공통적인 삶의 터전입니다. 하나님은 일반은총을 통하여 신자들이 세상의 많은 불신자들과 접촉하게 하셨습니다. 일반은총의 영역과 범위가 넓을수록 이러한 접촉점은 더 많아집니다. 그런데 하나님은 이 일반은총의 그라운드를 대단히 넓게 설계하셨습니다. 왜 그럴까요? 그 이유는 하나님의 돌아오지 않은 양들에 대한 크신 사랑 때문입니다. 신자들을 통하여 잃어버린 양들을 찾아와야 하기 때문에 그 사랑과 애타는 마음만큼 넓은 일반은총의 영역들을 접촉점으로 만들어 놓으셨습니다. 일반은총의 영역은 문화, 예술, 사회, 스포츠, 사상, 정치, 학문 등 현대의 사회구조를 이루고 있는 모든 영역을 망라합니다. 일반은총의 영역은 대단히 넓을 뿐 아니라 대단히 다양합니다. 세상 기준으로 볼 때 고상하고 특별한 영역들에서만 접점이 필요한 것이 아니라 소위 별 볼일 없는 영역에서도 잃어버린 양들이 있기 때문에 하나님은 그리스도인들에게도 그러한 자리를 만들어 놓으셨습니다. 이런 관점에서 볼 때 신앙인의 소명과 직업에는 결코 높고 낮음이 없습니다. 모든 자리가 하나님이 보내신 세상과의 거룩한 접점입니다. 예수님은 그리스도인들이 이처럼 다양하고 방대한 세상과의 접촉점을 통로 삼아 그들을 사랑하도록 권면하십니다.

 그런데 적지 않은 그리스도인은 이 명예로운 접촉을 꺼려합니다. 사탄은 하나님이 세상을 창조하실 때부터 지금까지, 특히 이 시대에 와서 그리스도인들을 설득해 왔습니다. 그것은 자기들은 세상을 접수할 테니 그리스도인들은 교회를 접수하라는 유혹입니다. 그러는 사이에 세상의 많은 영역이 세속화되었습니다. 그 세속화의 물결이 이제는 거꾸로 교회를 향해 밀려들고 있습니다. 하나님이 원하시고 성경이 말하는 정치가 무엇인지에 대하여 교회가 손을 놓고 있는 사이 세속적 정치의 냄새가 교회로 들어와 어느새 좌파니 우파니 하는 프레임으로 편을 갈라놓고 있습니다. 교회에 좌파와 우파가 어디 있습니까? 하나님의 교회에는 성경파만 있어야 합니다. 예수님이 우리를 세상에 보내시는 권면의 근거로서 '하나님의 온전함'이라는 영광스러운 기준을 제시합니다.

> 나는 너희에게 이르노니 너희 원수를 사랑하며 너희를 박해하는 자를 위하여 기도하라 이같이 한즉 하늘에 계신 너희 아버지의 아들이 되리니 이는 하나님이 그 해를 악인과 선인에게 비추시며 비를 의로운 자와 불의한 자에게 내려주심이라 너희가 너희를 사랑하는 자를 사랑하면 무슨 상이 있으리요 세리도 이같이 아니하느냐 또 너희가 너희 형제에게만 문안하면 남보다 더하는 것이 무엇이냐 이방인들도 이같이 아니하느냐 그러므로 하늘에 계신 너희 아버지의 온전하심과 같이 너희도 온전하라 마 5:44-48

이 말씀은 세상에서의 그리스도인의 삶에 대한 실로 엄청난 선언입니다. 먼저 원수를 사랑하고 나를 박해하는 이들을 위해서 기도까지 하라고 하십니다. 우리를 박해하는 자들은 보통 세상에 많습니다. 우리와의 정체성이 다르기 때문에 그렇습니다. 소금과 빛의 특징과 정체성을 상기해 보십시오. 원수를 사랑하고 나를 박해하는 자를 위해서 기도하는 이유는 이미 그렇게 하신 하나님을 우리의 아버지로 모셨기 때문입니다. 하나님이 그렇게 하셨다는 것은 무엇을 의미합니까? 하나님은 그의 자녀만이 아니라 원수까지 사랑하셨다는 것입니다. 그런데 그분의 사랑은 세상에서 어떻게 나타납니까? 우리가 지금 주제로 다루고 있는 일반은총을 통해서 나타납니다. 자연환경의 혜택을 의인뿐만 아니라 악인에게도 골고루 내려 주시는 것은 하나님의 사랑입니다. 원수까지 사랑하신 하나님의 사랑이 일반은총을 통하여 세상 속에 나타나듯이 하나님을 믿는 그리스도인도 일반은총을 접점으로 하여 세상을 사랑하라는 것입니다.

이 말씀을 현대 교회에 적용한다면 마땅히 사랑할 교회의 형제 자매만 사랑할 것이 아니라 세상으로 나아가 정체성이 다르다는 이유로 우리를 미워하고 적대시하는 그 사람들을 사랑하라는 것입니다. 이것이 성경에서 표현하고 있는 하나님 아버지의 '온전함'이며 이 온전함을 아들인 우리에게도 마땅히 요구하십니다. 그리스도인의 온전함을 나타내는 무대가 교회 안에서만 아니라 세상이라고 말씀하시는 점에 유의해야 합니다. 소금과 빛은 썩어져 가는 곳과 어두운 곳에서 그들의 진면목이 발휘되는 법입니다. 교회에서의 시간은 오히려 마음이 편합니다. 어지간한 실수나 부족한 면은 형제요 자매의 관계로 메꾸어 줍니다. 그래서 그리스도인은 교회에서 많은 시간을 머무르는 것을 좋아합니다.

교회는 기본적으로 하나님과 우리와의 특별한 관계를 배우며 동시에 그리스도를 통한 성도들의 하나됨의 관계를 확인하고 나누는 곳입니다. 천국의 모습을 함께 그려 나가는 곳입니다. 교회는 물론 세상으로 나감을 위해 마련된 하나의 훈련소이기도 합니다. 그런데 교회에서의 훈련에는 반드시 있어야 하는 요소가 하나 결여되어 있습니다. 그것은 세상적 가치관입니다. 하나님의 나라에서는 상상할 수 없는 악한 가치관입니다. 이런 세속적 가치관들은 교회의 제도와 공동체라는 특수성 속에서 대부분 감추어져 있습니다. 그러므로 그리스도인은 세상의 삶에서 당황할 수밖에 없습니다.

직장에서는 결코 우리를 형제, 자매라고 부르지 않습니다. 약육강식의 원리가 작동되어도 뭐라고 따질 수 없습니다. 교회에서 늘 배우던 성경적 창조질서에 맞지 않는 가치관들이 보편적 진리로 통용되는 곳입니다. 이런 세상에서의 삶에서 성경이 우리에게 요구하는 것이 바로 '온전함'입니다. 마태복음 5장 16절에서는 이를 "너희 착한 행실을 보고 하늘에 계신 너희 아버지께 영광을 돌리게 하라"고 표현하고 계신 것입니다. 하나님은 믿는 자든 믿지 않는 자든 관계없이 공통적으로 내려 주시는 일반은총을 통하여 우리로 하여금 세상의 많은 불신자들과 접점을 갖게 하셨습니다. 하나님의 사랑을 전하는 통로로서 소금과 빛의 역할을 하라고 하셨습니다. 결코 쉬운 길이 아니지만 이 요구를 하고 계시는 예수님 자신이 십자가의 사건을 통하여 이미 이 일의 모범이요 증인이 되셨습니다. 하나님의 온전함 같이 우리도 온전한 자가 되는 명예로 이 일을 감당할 것을 권면하고 계십니다.

　세상과의 접점으로서 일반은총의 의미는 매우 능동적이며 그리스도인의 실제 삶에서의 정체성입니다. 세상과 그리스도인 사이의 접점을 일반은총으로서 만들고 이를 통하여 그들이 가지지 못하였으나 우리 중심에 간직한 특별은총의 은혜를 그들에게 흘러가게 하는 것입니다. 그렇다면 그리스도인의 세상 속에서의 삶은 하나님의 일입니까, 아니면 세상의 일입니까? 그것은 당연히 하나님의 일입니다. 그리스도인은 교회에서의 생활과 사역뿐만 아니라 각자의 삶을 통해서 하나님의 일을 하는 사람들입니다. 하나님이 그리스도인과 비그리스도인에게 공통적으로 부여하신 일반은총을 접점으로 하여 특별은총을 전해주는 과정을 그림 6에서 나타내었습니다.

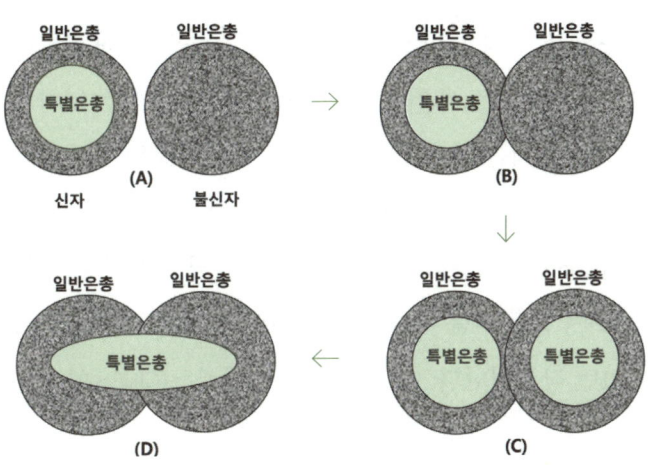

|그림 6| 두 쌍의 원형 그림에서 왼쪽은 하나님으로부터 특별은총과 일반은총을 모두 받는 신자를 나타내며 오른쪽은 일반은총만 받는 불신자를 형상화했다(A). 그림 A처럼 서로 분리되었던 신자와 불신자는 일반은총을 통하여 접점을 찾을 수 있으며(B) 이를 통해 불신자가 복음을 접하고 구원을 받으면 특별은총을 중심에 두는 신자가 되며(C), 이제 이 두 신자는 일반은총과 특별은총 모두를 공유하며 한 공동체를 이루게 된다. 하나님은 먼저 복음을 받아 구원받은 신자와 불신자 모두에게 일반은총을 내리신다. 그리스도인에게 있어서 일반은총의 큰 의미 중 하나는 복음을 전하는 귀중한 접점이라는 것이다.

세상과의 접점으로써 일반은총을 탁월하게 사용한 실례가 하나 있습니다. 그것은 2025년도 3월 북미에서 개봉한 "왕중의 왕(The King of Kings)"이라는 3D 애니메이션 영화에 관한 이야기입니다. 한국의 장성호 감독이 직접 제작, 감독, 각본을 맡은 이 영화는 개봉 후 북미 박스오피스 2위를 하는 등 역대 한국 영화 최고의 흥행작으로서 기대를 모았습니다. 개봉 이전 영화 배급사가 일반 관객을 대상으로 블라인드 모니터링한 결과 역대 최고 시사평점인 95점을 획득하였으며 영화 평가 지수인 씨네마스코어(Cinema Score)에서 47년간 총 128편의 영화만 받을 수 있었던 A+등급을 받을 정도로 이미 상영 전에 흥행적 성공이 예견되었던 작품입니다. 이 영화는 찰스 디킨스(Charles John Huffam

Dickens,1812-1870)의 작품《예수의 생애》(The life of our Lord)를 원작으로 하여 예수의 삶을 어린이들의 시선으로 조명한 작품입니다. 원작과 영화 제목만 보면 상투적인 기독교 색채를 띄는 이 영화가 어떻게 일반인들에게 선풍적인 인기와 관심을 모을 수 있었을까요? 그 이유는 장성호 감독의 한 매체(뉴스1TV)와의 인터뷰에서 찾을 수 있습니다. 그는 이렇게 말했습니다.

"이 작품이 종교인들을 위해서 만든 것만은 아니거든요. 교회를 다니지 않는 일반인들이 봤을 때도 충분히 볼 만하고 재미있을 만한 영화여야 한다고 처음부터 전제하고 계획했습니다. 그래서 설교를 듣는다거나 강요당한다는 인상을 갖지 않도록 예수라는 인물을 인간적으로 접근해 보자 생각을 했어요. 신앙이 없다 하더라도 예수라는 인물은 역사적으로 실존했던 인물임을 누구도 부정 못하거든요. 이 영화가 종교적 인물로 보이는 어떤 인물을 다루고는 있지만 결국 보편적 사랑에 대한 이야기를 하고 있습니다. 그러므로 모든 사람의 일반적 정서 안에서 충분히 소구할 만한 내용이라고 생각했어요."

그리스도인인 장성호 감독이 만든 이 영화에서 예수님에 대한 메시지는 보편적 사랑의 옷을 입고 모든 사람이 공감할 수 있는 일반적 정서를 통하여 세상에 전해지고 있습니다. 그의 인터뷰는 이 책에서 이야기하고자 한 핵심 주제를 집약한 내용 같습니다. 그것은 그리스도인에게 있어서의 일반은총의 의미입니다. 하나님이 교회를 다니는 사람과 일반인들에게 공통적으로 부여하신 일반적 정서로서의 '보편적 사랑'을 접점으로 삼아 예수라는 인물을 소개한 것입니다. 그런데 이 영화의 영화로서의 상품성은 훌륭하게 보전됩니다. 교회를 다니지 않는 일반인들이 봤을 때도 충분히 볼만하고 재미있는 영화로 기획되었기 때문입니다. 교회를 다니는 사람은 재미가 없어야 합니까? 기독교는 기쁨이나 재미가 없는 종교입니까? 기쁨과 은혜는 별개 차원의 개념입니까? 결코 아닙니다. 이 영화를 만든 장성호 감독은 그렇지 않음을 훌륭하게 입증해 보였습니다. 영화를 보면서 눈물을 흘리는 어린 아이들의 모습은 큰 감동으로 다가옵니다.

선물로 줄 귀한 보석은 받는 사람이 직접 보석을 보고 너무 놀라거나 당황하지 않도록 적절한 케이스에 담아 조심스럽게 전달하는 것입니다. 아주 중요한 사람을 낯선 사람과 처음부터 혼자 만나도록 하는 일은 대단한 결례입니다. 두 사람을 잘 아는 사람이 중간에서 부드러운 미소로써 서로를 소개해 주는 것이 맞습니다. 그리스도인에게 있어서 일반은총은 세상 사람들을 만나 특별은총을 부드럽고 여유 있게 선물할 수 있도록 하나님이 주신 귀한 선물입니다.

현실적으로 그리스도인의 마음은 세상보다도 교회가 편한 법입니다. 정체성 탓에 어쩔 수 없이 세상 자체에 다가가기가 괴롭습니다. 세상을 보면 비판의 눈으로 보기 쉽습니다. 세상에 대한 비판에 익숙한 그리스도인의 눈에는 긍휼과 사랑 대신에 분노가 가득 차 있습니다. 극단적인 근본주의자로 채색되어 다른 사람들의 말에 귀를 기울이지 않습니다. 그들의 마음은 비판적 지성으로 가득 차 있어서 세상의 부조리가 들리면 금방 자리를 박차고 거리로 나갑니다. 비판적 지성은 교만으로 이어지기 쉽습니다. 답답하고 서글픈 일입니다. 세상의 죄와 죄인들을 분명히 구분해야 합니다. 예수님은 끝없이 말씀하십니다.

"너희도 원래 그러했는데 내가 너희에게 죽음으로 먼저 다가갔다!"

성경을 보면 세상으로 다가가기를 주저하는 베드로를 다루시는 하나님을 보게 됩니다. 마치 세상을 비판하며 그들에게 나아가기를 꺼려하는 오늘날의 그리스도인과 비슷한 상황을 베드로가 마주합니다.

그가 시장하여 먹고자 하매 사람들이 준비할 때에 황홀한 중에 하늘이 열리며 한 그릇이 내려오는 것을 보니 큰 보자기 같고 네 귀를 매어 땅에 드리웠더라 그 안에는 땅에 있는 각종 네 발 가진 짐승과 기는 것과 공중에 나는 것들이 있더라 또 소리가 있으되 베드로야 일어나 잡아 먹어라 하거늘 베드로가 이르되 주여 그럴 수 없나이다 속되고 깨끗하지 아니한 것을 내가 결코 먹지 아니하였나이다 한대 또 두 번째 소리가 있으되 하나님께서 깨끗하게 하신 것을 네가 속되다 하지 말라 하더라 이런 일이 세 번 있은 후 그 그릇이 곧 하늘로 올려져 가니라 행 10:10-16

이 세상은 죄로 인하여 많은 가치관이 일그러진 모습으로 가득 차 있습니다. 그래서 우리는 세상으로부터 얼굴을 돌리게 됩니다. 위 본문처럼 하나님의 백성들로서는 용납하기 어려운 모습일 수 있습니다. 그런데 하나님은 베드로에게 그것들을 잡아 먹으라고 하십니다. 당연히 유대인의 전통에 익숙한 베드로는 하나님의 이 명령을 거부합니다. 그런데 여기에 대한 하나님의 대답은 "하나님이 깨끗하게 하신 것을 네가 속되다 하지 말라"입니다. 누구의 결정인가요? 온 우주의 통치자의 결정입니다. 그리스도인이 비그리스도인에 비하여 우월한 것은 아무것도 없습니다. 단지 예수의 은혜로 죄를 덮은 것에 불과합니다. 죄를 사하시는 유일한 권세를 가지신 하나님이 그 죄인에게도 기회를 주겠다고 하시는데 베드로가 막아서는 것입니다. 그러나 죄인된 그의 백성이 돌아오기를 기다리시는 하나님 아버지의 사랑과 의지는 그리스도인의 자존심이나 고상함이나 전통이나 그 어떤 명분도 막을 수 없습니다.

그리스도인에게 베푸신 많은 일반은총들은 세상과의 접점으로써 그 사랑을 전하도록 우리에게 주어진 것들입니다. 복음을 위하여 감수해야 함에도 불구하고 우리가 꺼리는 세상의 '부정한 음식'은 무엇인지 냉정하게 살펴보아야 합니다. 우리의 잘못된 영적 우월성은 많은 경우 세상을 향한 비판으로 이어지며 이는 세상을 향한 복음 전도의 발걸음을 가로막습니다. 그리스도인들 자신을 향한 성찰과 회개는 당연한 것이지만 세상을 향한 비판은 무의미합니다. 세상은 원래 죄와 사망이 왕 노릇하는 곳이기 때문입니다. 예수님이 그의 공생애 기간 동안 단 한 번이라도 교회 밖 세상의 악에 대해서 비판하신 것을 본 적이 있습니까? 그분의 분노와 저주는 내부를 향한 것이었습니다. 하나님의 집이 장사하는 자들에 의해 강도의 소굴이 되었을 때(막 11:15-17), 그리고 하나님을 안다고 하면서 외식하는 서기관과 바리새인들을 향한 것이었습니다(마 23:15-36). 예수님은 세상의 죄인들에 대해서는 끝까지 침묵과 용서, 사랑과 희생으로 일관하셨습니다. 무엇보다 예수님은 '신으로부터 인간 되심'의 접점을 통하여 그의 사랑을 인간에게 나타내셨습니다. 그리고 이제 이 세상에 남겨진 우리에게 일반은총의 접점을 통하여 그리스도의 일을 계속하라 하십니다.

생각해 봅시다

1] 하나님이 세상을 사랑하셔서 성육신으로 세상에 찾아오신 것과 그리스도에게 주어진 일반은총은 어떠한 연관성이 있을까요? 일반은총의 범위와 종류가 왜 그렇게 넓고 다양하다고 생각합니까?

2] 사도행전 10장에서 베드로가 보았던 속된 음식에 대한 환상이 베드로에게 가르쳐 준 사실은 무엇일까요? 이러한 환상과 그리스도인의 일반은총이 어떤 상관성이 있습니까?

참고문헌

지금까지 의식적이든 무의식적이든 저자의 생각 속에 스며들어 이 책의 글로 나오기까지 도움이 된 자료들은 다음과 같습니다.

| 1부 |

1. Joe Biden 2021 Presidential Inauguration Ceremony, YouTube, https://www.youtube.com/watch?v=ZwvbQR887W0
2. User Clip: Congressman Clever Delivers Opening Prayer For the 117th Congress, https://www.c-span.org/clip/house-proceeding/user-clip-congressman-cleaver-delivers-opening-prayer-for-117th-congress/4932776
3. Donald Trump Inauguration 2025: Full Video (swearing-in ceremony, inaugural address, performances), YouTube, https://www.youtube.com/watch?v=H_a9bfeVG04
4. 목회데이터연구소(지용근 외 11인), 《한국교회 진단 리포트》, 두란노, 2025.
5. C. S. 루이스(김선형 옮김), 《스크루테이프의 편지》, 홍성사, 2018.
6. 박영선, 《기독교란 무엇인가?》, 무근검, 2024.
7. David Martyn Lloyd-Jones. *Romans- Exposition of Chapter 1: The Gospel of God*, Banners of Truth, 1988.
8. Ibid, Exposition of Chapter 6, The New Man.
9. George Eldon Ladd, *The Gospel of the Kingdom*, Wm. B. Eerdmans Publishing Company, 1983.
10. 박태현, "아브라함 카이퍼의 일반은총론 소고", RN 리폼드뉴스, 2015/02/09.
11. https://www.goodreads.com/author/quotes/107915.Richard_C_Lewontin
12. https://americanhumanist.org/
13. Lyle L. Simpson, *Why was I born?* 2nd Ed. The Humanist Press, Washington DC, 2010.

14. https://www.azquotes.com/quote/733889#google_vignette
15. https://americanhumanist.org/what-is-humanism/manifesto3/
16. Press Release of American Humanist Association, "Humanist Chaplains Reach Landmark Recognition by Prison System", 2020, 04, 30.
17. https://www.humanistchaplains.org/whatisit
18. Pauli Voelkel, "The College needs a humanist chaplain", The Williams Record, 2024. 02. 14.
19. 존 C. 레녹스(노동래 옮김), 《현대 무신론자들의 헛발질》, 새물결플러스, 2011.
20. Mark Ladd and Rex Palmer, *Structure Determination by X-ray Crystallography*, Springer Science+Business Media, LLC, 1993.
21. https://science.nasa.gov/blogs/webb/2023/04/12/webb-shows-areas-of-new-star-formation-and-galactic-evolution/
22. https://variety.com/2022/tv/news/william-shatner-space-boldly-go-excerpt-1235395113/
23. Peter J Gebicke-Haerter, "The computational Power of the human brain", Frontiers in Cellular Neuroscience 17, 2023(1220030).
24. Yoon Jeong Hyun, "Bimodal Voltage-Modulation and Insulating Layer Insertion in Peptide-Based Memristor", Ph.D thesis, Yonsei University, Korea, 2024.

| 2부 · 3부 |

25. 아브라함 카이퍼(박태현 옮김 및 해설), 《아브라함 카이퍼의 영역주권》, 도서출판 다함, 2023.
26. 박태현, "아브라함 카이퍼의 일반은총론 소고", RN 리폼드뉴스, 2015/02/09.
27. https://www.goodreads.com/search?q=Science+is+a+bulwark&search%5Bsource%5D=goodreads&search_type=quotes&tab=quotes
28. 존 C. 레녹스(노동래 옮김), 《현대 무신론자들의 헛발질》, 새물결플러스, 2011.

29. https://www.goodreads.com/quotes/1292502-anything-you-don-t-understand-you-attribute-to-god-god-for
30. https://en.wikipedia.org/wiki/Mammal
31. https://en.wikipedia.org/wiki/Bird
32. C. S. 루이스(김선형 옮김), 《스크루테이프의 편지》, 홍성사, 2018.
33. https://en.wikipedia.org/wiki/Science
34. 김도현 박사, private discussion
35. "호랑이 스윙의 진화", 조선일보 온라인판, 2005년 11월 16일 입력본 https://www.chosun.com/site/data/html_dir/2005/11/16/2005111670105.html
36. https://ko.wikipedia.org/wiki/%EB%85%BC%EC%A6%9D
37. "예수님의 비유(25)"-솔로몬의 의복보다 영화로운 백합화, 손민석, 게인스빌 한인교회, 2023.01.08.
38. https://www.goodreads.com/quotes/638598-a-blade-of-grass-is-a-commonplace-on-earth-it
39. Rafael Nadal press conference post tribute ceremony: Roland-Garros 2025 (https://www.youtube.com/watch?v=AL7DPff75l0)
40. [인터뷰] "제작.각본.감독 혼자 다했는데 기생충 제치고 디즈니도 뛰어 넘었다? '킹 오브 킹스' 장성호 감독", 뉴스1TV (https://www.youtube.com/watch?v=wujnSFT4x0E)